汽车电工与电子技术

主　编　林耀忠　韦　清　张锦庭
副主编　宋水泉

中南大学出版社
www.csupress.com.cn

内容简介 / Introduction

本书是全国高等职业教育汽车类"十三五"规划教材。

本书根据2015年中南大学出版社与北京运华天地科技有限公司(汽车服务与商务实习教学软件)合作精神,旨在和全国高等职业教育院校一起共同建设一批能够经受市场考验、不断传承、高质量、高水平的精品教材和相配套的优质教学资源。

本书主要内容为:电工基础知识,磁场和电磁感应,电机与变压器,半导体与集成电路简介,半导体二极管及其应用,三极管与放大电路,数字电路等。本书适用于3年制非电类汽车相关专业。

总序

汽车后市场风云变幻，打破配件垄断、汽车维修技术信息公开、互联网＋、大众创业万众创新等对传统汽车后市场业态产生了巨大冲击，传统业态——4S店、一二类综合性维修企业的发展空间备受挤压，利润大幅缩水，甚至面临企业的生存问题；而新兴业态——上门保养，召技上门，快修快保连锁经营，综合维修企业联盟发展，汽车维保线上下单、线下作业等层出不穷但却没有赚到理想中的利润，发展前途堪忧。而随着制造汽车的原材料、汽车零部件的加工工艺、汽车装配工艺、汽车运行材料等的技术进步，以及道路条件的大幅改善，汽车的故障概率大幅度下降，汽车的可靠性大幅度提高，"汽车不坏了"已经是一个不争的事实；在环保和能源的重重重压之下，新能源汽车，特别是纯电动汽车的市场份额将急剧扩大。因此，过去汽车"以修为主"的时代已经成为历史，"以养代修"的汽车后市场时代已经来临。基于以上现实，不久的将来，传统业态中的4S店、大型综合性汽车维修企业将面临大批倒闭的困境，汽车后市场的转型升级势在必行；流程化、规范化、标准化、专业化、品牌化、连锁化的汽车专项维修将是汽车后市场的必然发展趋势；汽车后市场对汽车类人才的需求将从单一的"技术技能型人才"向"技能服务型人才"过渡，过去汽修职业教育"以就业为导向"的人才培养模式将面临挑战，毕业生将无业可就，倒逼汽修职业教育人才培养向"以创、就业为导向"人才培养模式转变，因此汽修职业教育也必须进行转型升级，从而汽车职业教育也要从人才培养模式、人才培养方案、教学计划、教学大纲、课程建设、师资队伍建设、实训基地建设等方面进行全新规划。

职业教育不是为过去的行业培养人才，而是要为未来的行业发展需求储备人才，因此职业教育要紧跟行业发展，甚至要预判行业未来发展趋势，走在行业发展的前面，千万不能职业教育和行业发展两张皮，我办我的教育，不管行业发展什么事。因此汽修职业教育一定要研究汽车后市场，一定要贴近汽车后市场，一定要比汽车后市场更懂汽车后市场，要知道汽修职业教育到底应该教什么！到底应该怎么教！到底要教到什么程度！谋定而后动，直击汽修职业教育的痛点。鉴于此，中南大学出版社邀请行业专家参与，组织国内知名汽修高等职业教育院校教育专家共同剖析汽车后市场发展现状，研究汽车后市场发展趋势，积极探索汽修职业教育人才培养方案和人才培养模式，以满足汽车后市场现实要求和适应未来汽车后市场未来发展需求为出发点，构建全新的汽修与汽服职业教育课程体系，打造全国高等职业教育汽车类"十三五"规划教材，相信这套丛书的出版将对推动我国汽车职业教育的发展，为汽车后市场的发展奠定基础。

李东江

2016 年 6 月

前言 / Foreword

随着汽车工业产业的迅猛发展，电工电子技术在汽车上的应用越来越普遍，掌握所需的电工电子技术是现代汽车维修从业人才的必备条件之一。同时，进一步深化人才培养模式、课程体系和教学内容的改革，不断提高办学质量和教学水平，培养更适应新时代需要的具有创新能力的高技能高素质人才，是高等职业教育技工院校汽车专业教育的当务之急。

作为汽车专业教育的重要环节，教材建设肩负重要使命。"汽车电工电子技术"是一门具有汽车专业特色的技术基础课程，有别于机电类专业通常开设的"电工电子技术"课程。该教材不仅讲解一般的电工电子知识，而且还必须对电工电子技术在汽车上应用的特殊性阐述清楚，有一些汽车专业的特殊规律必须加以说明，一些专业为汽车应用而开发设计的电路也必须讲解。为适应社会发展需求以及应广大师生的要求，特在原"十一五"规划教材《汽车电气设备构造与维修》、《汽车电工电子技术》的基础上编写此书。

本次教材修订(新编)工作的重点主要体现在以下几个方面：

第一，本书对传统教材进行优化整合，在教学内容选取上，保证了汽车类专业所需的最基本、最主要的电工电子基础的内容，尽量避免内容之间不必要的交叉和重叠，提高教学效率。

第二，以学生为本，按照教学规律和学生的认识规律，以基础加实际案例为切入点，并尽量采用以图代文的表现方式，以降低内容的抽象性及学习难度，提高学生的学习兴趣，从而达到好教、好学的目的。

第三，为了便于教师教学和学生自学，每个教学任务前安排学习目标提示。

在本书的编写过程中，韦清老师、张锦庭老师付出了大量心血，宋水泉老师参与本书部分内容的遴选和编写工作。

本书由中南大学出版社编辑主审，出版社编辑仔细审阅了全部文稿和图稿，提出了很多宝贵意见和建议，在此表示衷心的感谢！

限于编者水平有限，书中难免有不妥之处，敬请广大读者批评指正。

编　者

2016 年 5 月 10 日

于广东省技师学院

目 录
CONTENTS

项目一　　电工基础知识

【学习目标】

✤掌握欧姆定律、基尔霍夫定律　　✤掌握电路的组成及作用

✤掌握支路电流法　　✤掌握电流、电压、电位、电动势概念

✤掌握正选交流电的基本知识　　✤掌握电功率、额定电功率概念

✤了解安全用电防护知识

任务一　　电路的基本概念和相关物理量

1.1.1　电路的基本概念

1.电路及其组成

简单地讲,电路是电流通过的路径。实际电路通常由各种电路实体部件(如电源、电阻器、电感线圈、电容器、变压器、仪表、二极管、三极管等)组成。每一种电路实体部件具有各自不同的电磁特性和功能,按照人们的需要,把相关电路实体部件按一定方式进行组合,就构成了一个个电路。如果某个电路元器件数很多且电路结构较为复杂时,通常又把这些电路称为电网络。

手电筒电路、单个照明灯电路是实际应用中的较为简单的电路,而电动机电路、雷达导航设备电路、计算机电路,电视机电路是较为复杂的电路,但不管简单还是复杂,电路的基本组成部分都离不开三个基本环节:电源、负载和中间环节。

电源是向电路提供电能的装置。它可以将其他形式的能量,如化学能、热能、机械能、原子能等转换为电能。在电路中,电源是激励,是激发和产生电流的因素。负载是取用电能的装置,其作用是把电能转换为其他形式的能(如:机械能、热能、光能等)。通常在生产与生活中经常用到的电灯、电动机、电炉、扬声器等用电设备,都是电路中的负载。中间环节在电路中起着传递电能、分配电能和控制整个电路的作用。最简单的中间环节即开关和联接导线;一个实用电路的中间环节通常还有一些保护和检测装置。复杂的中间环节可以是由许多电路元件组成的网络系统。

图1-1-1所示的手电筒照明电路中,电池作电源,灯作负载,导线和开关作为中间环节将灯和电池连接起来。

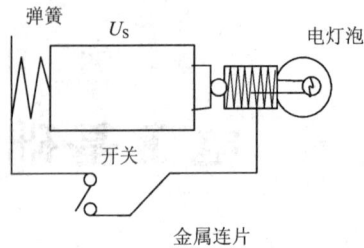

图 1-1-1　手电筒照明的实际电路

2. 电路的种类及功能

工程应用中的实际电路, 按照功能的不同可概括为两大类: 一是完成能量的传输、分配和转换的电路。如图 1-1-1 中, 电池通过导线将电能传递给灯, 灯将电能转化为光能和热能。这类电路的特点是大功率、大电流; 二是实现对电信号的传递、变换、储存和处理的电路, 图 1-1-2 是一个扩音机的工作过程。话筒将声音的振动信号转换为电信号即相应的电压和电流, 经过放大处理后, 通过电路传递给扬声器, 再由扬声器还原为声音。这类电路特点是小功率、小电流。

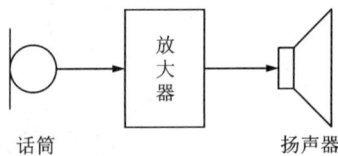

图 1-1-2　扩音机电路

3. 电路模型

实际电路的电磁过程是相当复杂的, 难以进行有效的分析计算。在电路理论中, 为了方便于实际电路的分析和计算, 我们通常在工程实际允许的条件下对实际电路进行模型化处理, 即忽略次要因素, 抓住足以反映其功能的主要电磁特性, 抽象出实际电路器件的"电路模型"。

例如电阻器、灯泡、电炉等, 这些电气设备接受电能并将电能转换成光能或热能, 光能和热能显然不可能再回到电路中, 因此, 我们把这种能量转换过程不可逆的电磁特性称之为耗能。这些电气设备除了具有耗能的电磁特性, 当然还有其他一些电磁特性, 但在研究和分析问题时, 即使忽略其他这些电磁特性, 也不会影响整个电路的分析和计算。因此, 我们就可以用一个只具有耗能电磁特性的"电阻元件"作为它们的电路模型。

我们将实际电路器件理想化而得到的只具有某种单一电磁性质的元件, 称为理想电路元件, 简称为电路元件。每一种电路元件体现某种基本现象, 具有某种确定的电磁性质和精确的数学定义。常用的有表示将电能转换为热能的电阻元件、表示电场性质的电容元件、表示磁场性质的电感元件及电压源元件和电流源元件等, 其电路符号如图 1-1-3 所示。本章后面将分别讲解这些常用的电路元件。

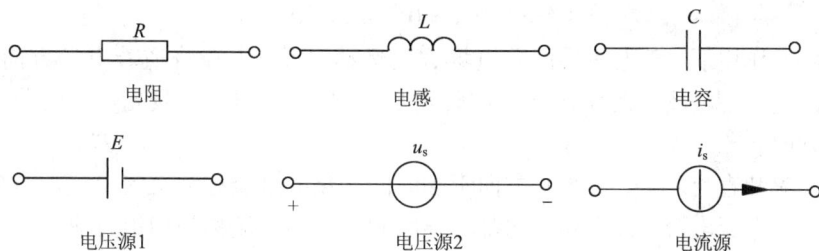

图1-1-3 理想电路元件的符号

我们把由理想电路元件相互连接组成的电路称为电路模型。例如图1-1-1所示,电池对外提供电压的同时,内部也有电阻消耗能量,所以电池用其电动势 E 和内阻 R_0 的串联表示;灯除了具有消耗电能的性质(电阻性)外,通电时还会产生磁场,具有电感性。但电感微弱,可忽略不计,于是可认为灯是一电阻元件,用 R 表示。图1-1-4是图1-1-1的电路模型。

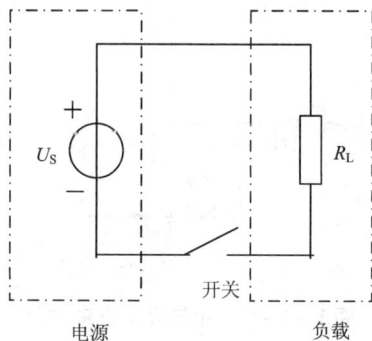

图1-1-4 手电筒电路的电路模型

1.1.2 电流、电压及其参考方向

电路中的变量是电流和电压。无论是电能的传输和转换,还是信号的传递和处理,都是这两个量变化的结果,因此,弄清电流与电压及其参考方向,对进一步掌握电路的分析与计算是十分重要的。

1.电流及其参考方向

(1)电流

电荷的定向移动形成电流。电流的大小用电流强度来衡量,电流强度亦简称为电流。其定义为:单位时间内通过导体横截面的电荷量,用公式表示为:

$$i = \frac{q}{t} \tag{1-1}$$

其中,i 表示随时间变化的电流,q 表示在 t 时间内通过导体横截面的电量。

在国际制单位中,电流的单位为安培,简称安(A)。实际应用中,大电流用千安培(kA)

表示，小电流用毫安培(mA)表示或者用微安培(μA)表示。它们的换算关系是：

$$1 \text{ kA} = 10^3 \text{ A} = 10^6 \text{ mA} = 10^9 \text{ μA}$$

在外电场的作用下，正电荷将沿着电场方向运动，而负电荷将逆着电场方向运动(金属导体内是自由电子在电场力的作用下定向移动形成电流)，习惯上规定：正电荷运动的方向为电流的正方向。

电流有交流和直流之分，大小和方向都随时间变化的电流称为交流电流。方向不随时间变化的电流称为直流电流；大小和方向都不随时间变化的电流称为稳恒直流。

(2)电流的参考方向

简单电路中，电流从电源正极流出，经过负载，回到电源负极；在分析复杂电路时，一般难于判断出电流的实际方向，而列方程、进行定量计算时需要对电流有一个约定的方向；对于交流电流，电流的方向随时间改变，无法用一个固定的方向表示，因此，引入电流的"参考方向"。

参考方向可以任意设定，如用一个箭头表示某电流的假定正方向，就称之为该电流的参考方向。当电流的实际方向与参考方向一致时，电流的数值就为正值(即 $i > 0$)，如图1-1-5(a)所示；当电流的实际方向与参考方向相反时，电流的数值就为负值(即 $i < 0$)，如图1-1-5(b)所示。需要注意的是，未规定电流的参考方向时，电流的正负没有任何意义，如图1-1-5(c)所示。

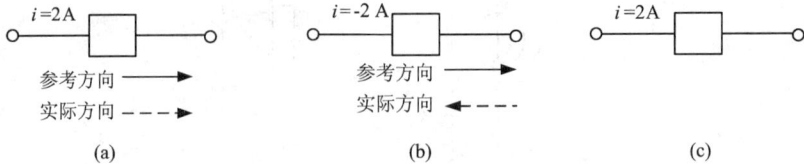

图1-1-5　电流及其参考方向

2.电压及其参考方向

(1)电压

如图1-1-6所示的闭合电路，在电场力的作用下，正电荷要从电源正极 a 经过导线和负载流向负极 b(实际上是带负电的电子由负极 b 经负载流向正极 a)，形成电流，而电场力就对电荷做了功。

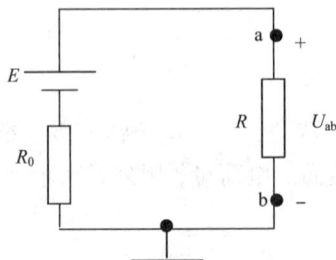

图1-1-6　定义电压示意图

电场力把单位正电荷从 a 点经外电路(电源以外的电路)移送到 b 点所做的功,叫做 a,b 两点之间的电压,记作 U_{ab}。因此,电压是衡量电场力做功本领大小的物理量。

若电场力将正电荷 q 从 a 点经外电路移送到 b 点所做的功是 w,则 a,b 两点间的电压为:

$$u_{ab} = \frac{w}{q} \qquad (1-2)$$

在国际制单位中,电压的单位为伏特,简称伏(V)。实际应用中,大电压用千伏(kV)表示,小电压用毫伏(mV)表示或者用微伏(μV)表示。它们的换算关系是:

$$1 \text{ kV} = 10^3 \text{ V} = 10^6 \text{ mV} = 10^9 \text{ μV}$$

电压的方向规定为从高电位指向低电位,在电路图中可用箭头来表示。

(2)电压的参考方向

在比较复杂的电路中,往往不能事先知道电路中任意两点间的电压,为了分析和计算的方便,与电流的方向规定类似,在分析计算电路之前必须对电压标以极性(正、负号),或标以方向(箭头),这种标法是假定的参考方向,如图 1-1-7 所示。如果采用双下标标记时,电压的参考方向意味着从前一个下标指向后一个下标,图 1-1-7 元件两端电压记作 u_{ab};若电压参考方向选 b 点指向 a 点,则应写成 u_{ba},两者仅差一个负号,即 $u_{ab} = -u_{ba}$。

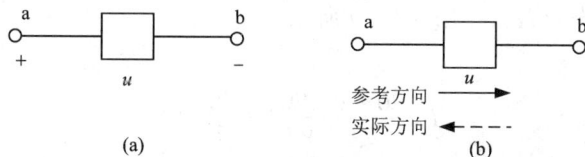

图 1-1-7　电压参考方向的表示方法

分析求解电路时,先按选定的电压参考方向进行分析、计算,再由计算结果中电压值的正负来判断电压的实际方向与任意选定的电压参考方向是否一致;即电压值为正,则实际方向与参考方向相同,电压值为负,则实际方向与参考方向相反。

1.1.3　电位的概念及其分析计算

为了分析问题方便,常在电路中指定一点作为参考点,假定该点的电位是零,用符号"⊥"表示,如图 1-1-6 所示。在生产实践中,把地球作为零电位点,凡是机壳接地的设备(接地符号是"⊥"),机壳电位即为零电位。有些设备或装置,机壳并不接地,而是把许多元件的公共点作为零电位点,用符号"⊥"表示。

电路中其他各点相对于参考点的电压即是各点的电位,因此,任意两点间的电压等于这两点的电位之差,我们可以用电位的高低来衡量电路中某点电场能量的大小。

电路中各点电位的高低是相对的,参考点不同,各点电位的高低也不同,但是电路中任意两点之间的电压与参考点的选择无关。电路中,凡是比参考点电位高的各点电位是正电位,比参考点电位低的各点电位是负电位。

【例 1-1】　求图 1-1-8 中 a 点的电位。

解　对于图 1-1-8(a)有

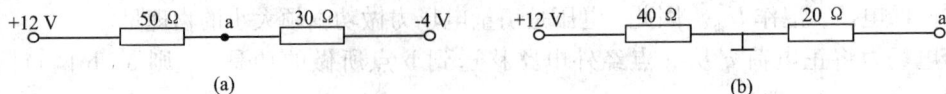

图 1 - 1 - 8   例 1 - 1 电路图

$$U_a = -4 + \frac{30}{50+30} \times (12+4) = 2(V)$$

对于图 1 - 1 - 8(b)，因 20 Ω 电阻中电流为零，故

$$U_a = 0$$

【例 1 - 2】 电路如图 1 - 1 - 9 所示，求开关 S 断开和闭合时 A, B 两点的电位 U_A, U_B。

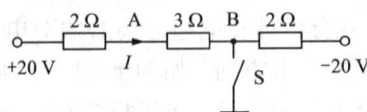

图 1 - 1 - 9   例 1 - 2 电路图

解   设电路中电流为 I，如图 1 - 1 - 9 所示。

开关 S 断开时：

$$I = \frac{20-(-20)}{2+3+2} = \frac{40}{7}(A)$$

因为

$$20 - U_A = 2I$$

所以

$$U_A = 20 - 2I = 20 - 2 \times \frac{40}{7} = \frac{60}{7}(V)$$

同理

$$U_B = 20 - (2+3)I = 20 - 5 \times \frac{40}{7} = -\frac{60}{7}(V)$$

开关 S 闭合时：

$$I = \frac{20-0}{2+3} = 4(A)$$

$$U_A = 3I = 3 \times 4 = 12(V)$$

$$U_B = 0(V)$$

1.1.4   电功率及电能的概念和计算

1.电功率

电流通过电路时传输或转换电能的速率，即单位时间内电场力所做的功，称为电功率，简称功率。数学描述为：

$$p = \frac{w}{t} \qquad\qquad (1-3)$$

其中，p 表示功率。国际单位制中，功率的单位是瓦特（W），规定元件 1 s 内提供或消耗 1 J

能量时的功率为 1 W。常用的功率单位还有千瓦(kW)，1 kW = 1000 W。

将式(1-3)等号右边分子、分母同乘以 q 后，变为：

$$p = \frac{w}{t} = \frac{w}{q} \times \frac{q}{t} = ui \qquad (1-4)$$

可见，元件吸收或发出的功率等于元件上的电压乘以元件上的电流。

为了便于识别与计算，对同一元件或同一段电路，往往把它们的电流和电压参考方向选为一致，这种情况称为关联参考方向，如图 1-1-10(a)所示。如果两者的参考方向相反则称为非关联参考方向，如图 1-1-10(b)所示。

(a)关联　　　　　　　　　　　(b)非关联

图 1-1-10　电压与电流的方向

有了参考方向与关联的概念，则电功率计算式(1-4)就可以表示为以下两种形式：

当 u, i 为关联参考方向时：

$$p = ui(\text{直流功率 } P = UI) \qquad (1-5a)$$

当 u, i 为非关联参考方向时：

$$p = -ui(\text{直流功率 } P = -UI) \qquad (1-5b)$$

无论关联与否，只要计算结果 $p > 0$，则该元件就是在吸收功率，即消耗功率，该元件是负载；若 $p < 0$，则该元件是在发出功率，即产生功率，该元件是电源。

根据能量守恒定律，对一个完整的电路，发出功率的总和应正好等于吸收功率的总和。

【例 1-3】 计算图 1-1-11 中各元件的功率，指出是吸收还是发出功率，并求整个电路的功率。已知电路为直流电路，$U_1 = 4$ V，$U_2 = -8$ V，$U_3 = 6$ V，$I = 2$ A。

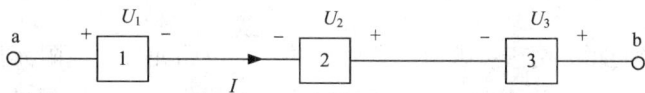

图 1-1-11　例 1-3 电路图

解　在图中，元件 1 电压与电流为关联参考方向，由式(1-5a)得：

$$P_1 = U_1 I = 4 \times 2 = 8(\text{W})$$

故元件 1 吸收功率。

元件 2 和元件 3 电压与电流为非关联参考方向，由式(1-5b)得：

$$P_2 = -U_2 I = -(-8) \times 2 = 16(\text{W})$$
$$P_3 = -U_3 I = -6 \times 2 = -12(\text{W})$$

故元件 2 吸收功率，元件 3 发出功率。

整个电路功率为：

$$P = P_1 + P_2 + P_3 = 8 + 16 - 12 = 12(\text{W})$$

本例中，元件1和元件2的电压与电流实际方向相同，二者吸收功率；元件3的电压与电流实际方向相反，发出功率。由此可见，当电压与电流实际方向相同时，电路一定是吸收功率，反之则是发出功率。实际电路中，电阻元件的电压与电流的实际方向总是一致的，说明电阻总在消耗能量；而电源则不然，其功率可能为正也可能为负，这说明它可能作为电源提供电能，也可能被充电，吸收功率。

2. 电能

电路在一段时间内消耗或提供的能量称为电能。根据式(1-4)，电路元件在 t_0 到 t 时间内消耗或提供的能量为：

$$W = P(t - t_0) \qquad (1-6)$$

在国际单位制中，电能的单位是焦耳(J)。1 J 等于 1 W 的用电设备在 1 s 内消耗的电能。通常电业部门用"度"作为单位测量用户消耗的电能，"度"是千瓦时(kW·h)的简称。1 度(或 1 千瓦时)电等于功率为 1 千瓦的元件在 1 小时内消耗的电能。即

$$1 \text{ 度} = 1 \text{ kW} \cdot \text{h} = 10^3 \times 3600 = 3.6 \times 10^6 \text{ J}$$

如果通过实际元件的电流过大，则会由于温度升高使元件的绝缘材料损坏，甚至使导体熔化；如果电压过大，则会使绝缘击穿，所以必须加以限制。

电气设备或元件长期正常运行的电流容许值称为额定电流，其长期正常运行的电压容许值称为额定电压；额定电压和额定电流的乘积为额定功率。通常电气设备或元件的额定值标在产品的铭牌上。如一白炽灯标有"220 V，40 W"，表示它的额定电压为 220 V，额定功率为 40 W。

1.1.5　电阻、电感和电容元件

电阻元件、电感元件、电容元件都是理想的电路元件，它们均不发出电能，称为无源元件。它们有线性和非线性之分，线性元件的参数为常数，与所施加的电压和电流无关。本节主要分析讨论线性电阻、电感、电容元件的特性。

1. 电阻元件

电阻是一种最常见的、用于反映电流热效应的二端电路元件。电阻元件可分为线性电阻和非线性电阻两类，如无特殊说明，本书所称电阻元件均指线性电阻元件。在实际交流电路中，像白炽灯、电阻炉、电烙铁等，均可看成是线性电阻元件。图 1-1-12(a)是线性电阻的符号，在电压、电流关联参考方向下，其端钮伏安关系为：

$$u = Ri \qquad (1-7\text{a})$$

式中，R 为常数，用来表示电阻及其数值。

式(1-7a)表明，凡是服从欧姆定律的元件即是线性电阻元件。图 1-1-12(b)为它的伏安特性曲线。若电压、电流在非关联参考方向下，伏安关系应写成：

$$u = -Ri \qquad (1-7\text{b})$$

在国际单位制中，电阻的单位是欧姆(Ω)，规定当电阻电压为 1 V、电流为 1 A 时的电阻值为 1 Ω。此外电阻的单位还有千欧(kΩ)、兆欧(MΩ)。电阻的倒数称为电导，用符号 G 来表示，即

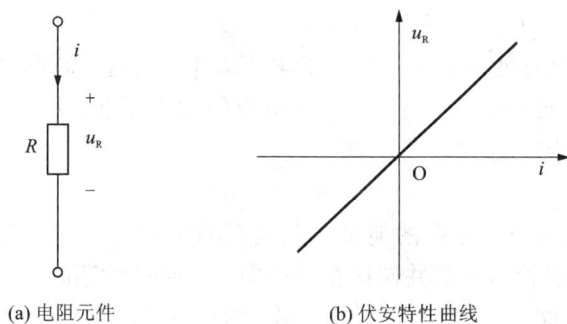

(a) 电阻元件　　　　　　　　　(b) 伏安特性曲线

图 1 – 1 – 12　电阻元件及其伏安特性曲线

$$G = \frac{1}{R} \qquad\qquad (1-8)$$

电导的单位是西门子(S)，或 1/欧姆(1/Ω)。

电阻是一种耗能元件。当电阻通过电流时会发生电能转换为热能的过程。而热能向周围扩散后，不可能再直接回到电源而转换为电能。电阻所吸收并消耗的电功率可由式(1 – 5a)和式(1 – 7a)计算得到：

$$p = ui = i^2 R = \frac{u^2}{R} \qquad\qquad (1-9)$$

一般地，电路消耗或发出的电能可由以下公式计算：

$$W = uit \qquad\qquad (1-10)$$

在直流电路中：

$$P = UI = I^2 R = \frac{U^2}{R}$$

$$W = UI(t - t_0)$$

2. 电感元件

电感元件是实际的电感线圈即电路元件内部所含电感效应的抽象，它能够存储和释放磁场能量。空心电感线圈常可抽象为线性电感，用 1 – 1 – 13 表示的符号表示。

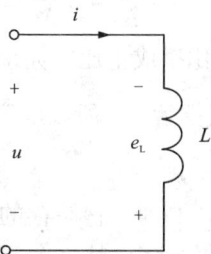

图 1 – 1 – 13　电感元件

其中

$$u = -e_{\mathrm{L}} = Li \qquad\qquad (1-11)$$

式(1-11)表明，电感元件上任一瞬间的电压大小，与这一瞬间电流对时间的变化率成正比。如果电感元件中通过的是直流电流，因电流的大小不变，那么电感上的电压就为零，所以电感元件对直流可视为短路。

$$p = i^2 C$$

即电感元件在一段时间内储存的能量与其电流的平方成正比。当通过电感的电流增加时，电感元件就将电能转换为磁能并储存在磁场中；当通过电感的电流减小时，电感元件就将储存的磁能转换为电能释放给电源。所以，电感是一种储能元件，它以磁场能量的形式储能，同时电感元件也不会释放出多余它吸收或储存的能量，因此它也是一个无源的储能元件。

　　3. 电容元件

电容器种类很多，但从结构上都可看成是由中间夹有绝缘材料的两块金属极板构成的。电容元件是实际的电容器即电路器件的电容效应的抽象，用于反映带电导体周围存在电场，能够储存和释放电场能量的理想化的电路元件。它的符号及规定的电压和电流参考方向，如图1-1-14所示。

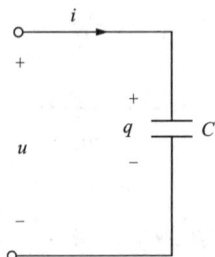

图1-1-14　电容元件

当电容接上交流电压 u 时，电容器不断被充电、放电，极板上的电荷也随之变化，电路中出现了电荷的移动，形成电流 i。若 u，i 为关联参考方向，则有

$$i = \frac{\Delta q}{\Delta t} = C \frac{\Delta i}{\Delta t} \qquad\qquad (1-12)$$

电容器的电流与电压对时间的变化率成正比。如果电容器两端加直流电压，因电压的大小不变，即 $\frac{\Delta i}{\Delta t} = 0$，那么电容器的电流就为零，所以电容元件对直流可视为断路，因此，电容具有"隔直通交"的作用。

对于同一个电容元件，当电场电压高时，它储存的能量就多；对于不同的电容元件，当充电电压一定时，电容量大的储存的能量多。从这个意义上说，电容 C 也是电容元件储能本领大小的标志。

当电压的绝对值增大时，电容元件吸收能量，并转换为电场能量；电压减小时，电容元件释放电场能量。电容元件本身不消耗能量，同时也不会放出多余它吸收或储存的能量，因此，电容元件也是一种无源的储能元件。

任务二　电路基本定律及基本分析方法

1.2.1　欧姆定律

1.探究欧姆定律

实验装置	请根据电路图将实物电路连接完整：

方法步骤	①连接电路时，开关S应该_____，滑动变阻器的滑片P移到阻值最大处； ②连入50 Ω的定值电阻，移动滑片P，测量并记下几组电压和电流值，填入表1； ③连入10 Ω的定值电阻，重复上述实验，填入表2。

表格	表1　$R_1 = 5\ \Omega$			表2　$R_2 = 10\ \Omega$		
	次数	1	2	3	次数	1	2	3
	U/V				U/V			
	I/A				I/A			

结论	①分析表1或表2得出：同一导体的电压与电流比值相同，即在电阻一定时，导体中的电流跟导体两端的电压成正比。上述实验图像如图所示，则图线____反映了R_1的实验情况。 ②分析表1和表2的同组数据可得出：_____一定时，导体的电阻越大，通过它的电流就越小。

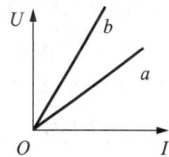

2.部分电路欧姆定律

欧姆定律的简述是：在同一电路中，通过某段导体的电流跟这段导体两端的电压成正比，跟这段导体的电阻成反比。根据定义可得标准式：

$$I = \frac{U}{R} \tag{1-13}$$

注意：公式中物理量的单位，I(电流)的单位是安培(A)、U(电压)的单位是伏特(V)、R(电阻)的单位是欧姆(Ω)。

部分电路欧姆定律公式：

$$I = \frac{U}{R}, \ \text{或} \ I = \frac{P}{U} \tag{1-14}$$

3. 全电路的欧姆定律

图 1-2-1 所示是简单的闭合电路，R_L 为负载电阻，R_0 为电源内阻，若导线电阻不计，则此段电路用欧姆定律可得

$$I = \frac{E}{R_L + R_0} \tag{1-15}$$

公式的意义是：

电路中流过的电流，其大小与电动势成正比，与电路的全部电阻之和成反比。电源的电动势和内电阻一般认为是不变的，所以，改变外电路电阻，就可以改变回路中的电流大小。

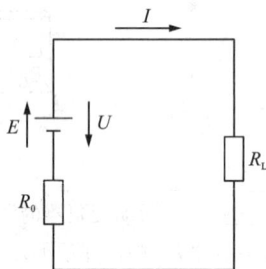

图 1-2-1　简单的闭合电路

1.2.2　基尔霍夫基本定律

在电路分析计算中，其依据来源于两种电路规律：一种是各类理想电路元件的伏安特性，这一点取决于元件本身的电磁性质，即各元件的伏安关系，与电路联接状况无关；另一种是与电路的结构及联接状况有关的定律，而与组成电路的元件性质无关。基尔霍夫定律就是表达电压、电流在结构方面的规律和关系的。

1. 常用电路术语

基尔霍夫定律是与电路结构有关的定律，在研究基尔霍夫定律之前，先介绍几个有关的常用电路术语。

①支路：任意两个节点之间无分叉的分支电路称为支路。如图 1-2-2 中的 bafe 支路，be 支路，bcde 支路。

②节点：电路中，三条或三条以上支路的汇交点称为节点。如图 1-2-2 中的 b 点，e 点。

③回路：电路中由若干条支路构成的任一闭合路径称为回路。如图 1-2-2 中 abefa 回路，bcdeb 回路，abcdefa 回路。

④网孔：不包围任何支路的单孔回路称网孔。如图 1-2-2 中 abefa 回路和 bcdeb 回路都是网孔，而 abcdefa 回路不是网孔。网孔一定是回路，而回路不一定是网孔。

2. 基尔霍夫电流定律

基尔霍夫电流定律(KCL)是用来反映电路中任意节点上各支路电流之间关系的。其内容

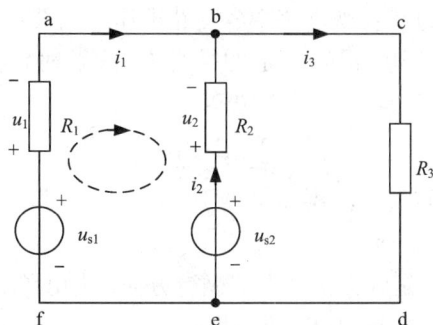

图 1-2-2 电路举例

为：对于任何电路中的任意节点，在任意时刻，流过该节点的电流之和恒等于零。其数学表达式为：

$$\sum i = 0 \qquad\qquad (1-16)$$

如果选定电流流出节点为正，流入节点为负，如图 1-2-2 的 b 节点，有

$$-i_1 - i_2 + i_3 = 0$$

将上式变换得

$$i_1 + i_2 = i_3$$

所以，基尔霍夫电流定律还可以表述为：对于电路中的任意节点，在任意时刻，流入该节点的电流总和等于从该节点流出的电流总和。即

$$\sum i_{\mathrm{I}} = \sum i_{\mathrm{o}} \qquad\qquad (1-17)$$

KCL 不仅适用于电路中的任一节点，也可推广应用于广义节点，即包围部分电路的任一闭合面。可以证明流入或流出任一闭合面电流的代数和为 0。

图 1-2-3 中，对于虚线所包围的闭合面，可以证明有如下关系：

$$-I_{\mathrm{a}} + I_{\mathrm{b}} + I_{\mathrm{c}} = 0$$

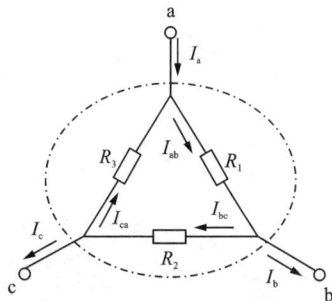

图 1-2-3 广义节点

基尔霍夫电流定律是电路中联接到任一节点的各支路电流必须遵守的约束，而与各支路上的元件性质无关。这一定律对于任何电路都普遍适用。

3.基尔霍夫电压定律

基尔霍夫电压定律(KVL)是反映电路中各支路电压之间关系的定律。可表述为：对于任何电路中任一回路，在任一时刻，沿着一定的循行方向(顺时针方向或逆时针方向)绕行一周，各段电压的代数和恒为零。其数学表达式为：

$$\sum u = 0 \qquad\qquad (1-18)$$

如图 $1-2-2$ 所示闭合回路中，沿 abefa 顺序绕行一周，则有

$$-u_{S1} + u_1 - u_2 + u_{S2} = 0$$

式中，u_{S1} 之前之所以加负号，是因为按规定的循行方向，由电源负极到正极，属于电位升；u_2 的参考方向与 i_2 相同，与循行方向相反，所以也是电位升。u_1 和 u_{S2} 与循行方向相同，是电位降。当然，各电压本身还存在数值的正负问题，这是需要注意的。

由于 $u_1 = R_1 i_1$ 和 $u_2 = R_2 i_2$，代入上式有

$$-u_{S1} + R_1 i_1 - R_2 i_2 + u_{S2} = 0$$

或

$$R_1 i_1 - R_2 i_2 = u_{S1} - u_{S2}$$

这时，基尔霍夫电压定律可表述为：对于电路中任一回路，在任一时刻，沿着一定的循行方向(顺时针方向或逆时针方向)绕行一周，电阻元件上电压降之和恒等于电源电压升之和。其表达式为：

$$\sum Ri = \sum u_S \qquad\qquad (1-19)$$

按式 $(1-19)$ 列回路电压平衡方程式时，当绕行方向与电流方向一致时，则该电阻上的电压取"＋"，否则取"－"；当从电源负极循行到正极时，该电源参数取"＋"，否则取"－"。

注意应用 KVL 时，首先要标出电路各部分的电流、电压或电动势的参考方向。列电压方程时，一般约定电阻的电流方向和电压方向一致。

KVL 不仅适用于闭合电路，也可推广到开口电路。图 $1-2-4$ 中，有

$$U = 2I + 4$$

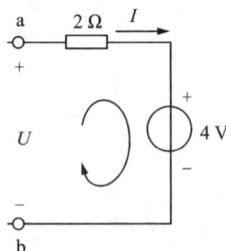

图 $1-2-4$　开口电路

【例 $1-6$】　在图 $1-2-5$ 中 $I_1 = 3$ mA，$I_2 = 1$ mA。试确定电路元件 3 中的电流 I_3 和其两端电压 U_{ab}，并说明它是电源还是负载。

解　根据 KCL，对于节点 a 有

$$I_1 - I_2 + I_3 = 0$$

代入数值得

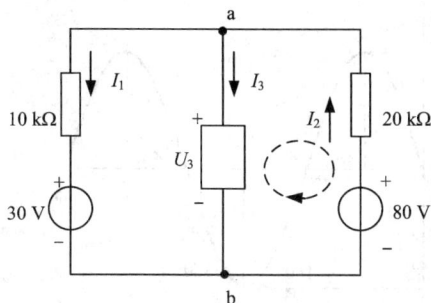

图 1-2-5 例 1-5 图

$$(3-1) + I_3 = 0$$

$$I_3 = -2 \text{ mA}$$

根据 KVL 和图 1-2-5 右侧网孔所示绕行方向,可列写回路的电压平衡方程式为

$$-U_{ab} - 20I_2 + 80 = 0$$

代入 $I_2 = 1$ mA 数值,得

$$U_{ab} = 60 \text{ V}$$

显然,元件两端电压和流过它的电流实际方向相反,是产生功率的元件,即电源。

任务三 交流电路

1.3.1 正弦交流电的基本概念

1. 交流电的概念

随时间按正弦函数变化的电动势、电压和电流总称为正弦交流电,它们的表达式为:

$$\left. \begin{array}{l} e = E_{\text{m}} \sin\omega t \\ u = U_{\text{m}} \sin\omega t \\ i = I_{\text{m}} \sin\omega t \end{array} \right\} \tag{1-20}$$

式中,小写字母 e,u,i 是这些量的瞬时值。

图 1-3-1 所示为正弦电动势的波形图。图中横坐标用时间 t/s、弧度 $\omega t/\text{rad}$ 或电角度 $\omega t/$度(°)表示。

在具有一对磁极的交流发电机中,转子旋转一周,电动势交变一个周期,所以转子旋转的机械角度等于电动势变化的电角度。当发电机具有两对磁极时,转子旋转一周,电动势交变两个周期,此时机械角度变化 360°,而电动势变化 720°机械角度就不等于电角度。波形图中标出的是电角度或电弧度。

2. 正弦交流电的三要素

(1)周期、频率和角频率

正弦量交变一次所需的时间称为周期,用字母 T 表示,单位为秒(s),如图 1-3-1 所

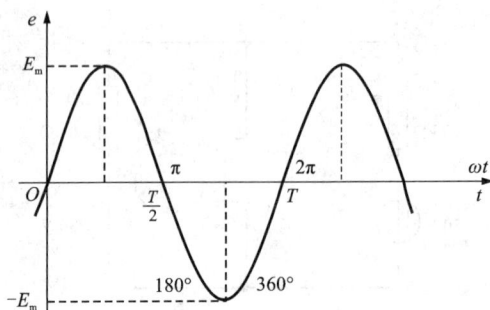

图 1 – 3 – 1   正弦电动势波形图

示。1 s内正弦量的交变次数称为频率,用字母 f 表示,单位为赫兹(Hz),简称赫。显然,频率与周期互为倒数,即

$$f = \frac{1}{T} \tag{1-21}$$

我国规定工业用电标准的频率(工频)为 50 Hz。正弦量每秒钟所经历电角度称为角频率,用字母 ω 表示,单位为弧度每秒(rad/s)。由于正弦量交变一周为 2π 弧度,故角频率与频率的关系为:

$$\omega = 2\pi f = \frac{2\pi}{T} \tag{1-22}$$

【例 2 – 1】   频率为 50 Hz 的交流电,其周期与角频率各为多少?

解   因为
$$f = \frac{1}{T}$$

$$T = \frac{1}{50} = 0.02(\text{s}) = 20(\text{ms})$$

所以

$$\omega = 2\pi f = 2 \times 50\pi = 100\pi = 314(\text{rad/s})$$

在某些设备中需要频率较高的交流电,例如高频电炉所用的频率可达 10^8 Hz,无线电工程上使用的频率为 $10^5 \sim 3 \times 10^{10}$ Hz

(2)相位、初相位和相位差

正弦量在不同的时刻有不同的瞬时值。例如电动势 $e = E_m \sin \omega t$,当 t 变化时,ωt 也变,e 的数值随之而变,ωt 就称为正弦量的相位或相位角。

初相位是一个反映正弦量初始值的物理量,是计时开始时的相位角。

在图 1 – 3 – 2 中,e_1 和 e_2 是两个频率相等的正弦电动势,但是它们的初相位是不同的。它们的函数式是:

$$\left. \begin{array}{l} e_1 = E_{m1}\sin(\omega t + \varphi_1) \\ e_2 = E_{m2}\sin(\omega t + \varphi_2) \end{array} \right\} \tag{1-23}$$

当 $t = 0$ 时,$e_1 = E_{m1}\sin(\omega t + \varphi_1)$,$e_2 = E_{m2}\sin(\omega t + \varphi_2)$,它们的初相位角分别为 φ_1 和 φ_2。因此当 $\varphi_1 \neq \varphi_2$ 时,e_1 和 e_2 的初始值是不相等的。

两个同频率正弦量的初相位角之差称为相位角差,简称相位差,用 φ 表示。式(1 – 23)

中 e_1 和 e_2 的相位差为：

$$\varphi = (\omega t + \varphi_1) - (\omega t + \varphi_2) = \varphi_1 - \varphi_2$$

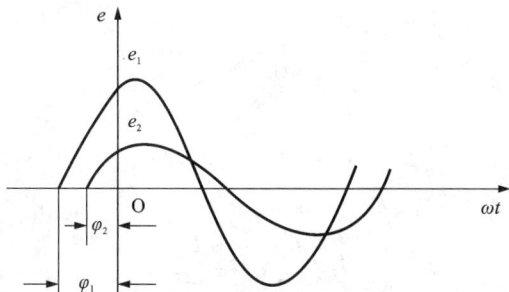

图 1 − 3 − 2 正弦电动势的相位

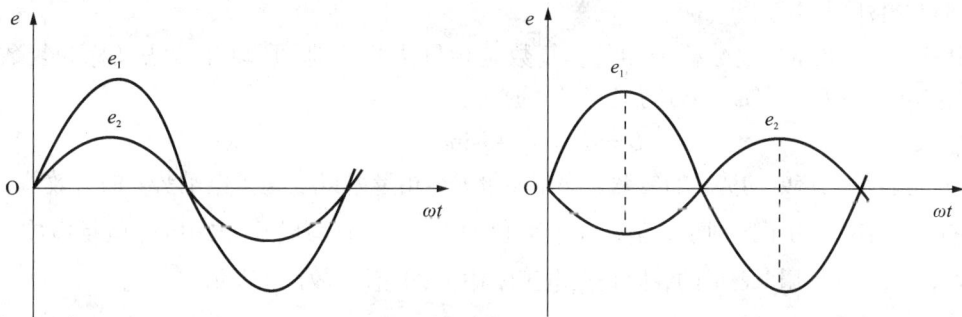

图 1 − 3 − 3 同相与反相的正弦量

3. 最大值和有效值

交流电在某一瞬间的数值称为瞬时值，规定用小写字母表示，例如 e，u，i，分别表示正弦电动势、电压、电流的瞬时。在一周期内出现的最大瞬时值称为最大值，也称为幅值，分别用字母 E_m，U_m，I_m 表示。

最大值只是交流电在变化过程中某一瞬间的数值，不能用来代表交流电在一段较长的时间内做功的平均效果。交流电的有效值是以其热效应与直流电比较后确定的量值。正弦交流电的有效值 1 A 或 1 V 所产生的热效应与直流电 1 A 或 1 V 所产生的热效应相同。

设有一电阻 R，通以交变电流 i，在一周期内产生的热量为：

$$Q_{AC} = \int_0^T Ri^2 \mathrm{d}t$$

同是该电阻 R，通以直流电路 I，在时间 T 内产生的热量为：

$$Q_{DC} = RI^2T$$

热效应相等的条件为 $Q_{AC} = Q_{DC}$，因此可得交流电的有效值为：

$$I = \sqrt{\frac{1}{T}\int_0^T i^2 \mathrm{d}t} \tag{1 − 24}$$

有效值又称均方根值，用大写字母表示。在正弦交流电中，将 $i = 2m\sin\omega t$ 代入式(1 − 24)

得其有效值为：

$$I = \sqrt{\frac{1}{T}\int_0^T I_m^2 \sin^2\omega t\, dt} = \sqrt{\frac{1}{T}\int_0^T \frac{1-\cos 2\omega t}{2}dt} = \frac{I_m}{\sqrt{2}}$$

即

$$I = 0.707 I_m$$

或

$$I_m = \sqrt{2}I = 1.414 I$$

同理得电动势和电压的有效值为：

$$E = \frac{E_m}{\sqrt{2}},\ U = \frac{U_m}{\sqrt{2}}$$

工程上通常所说的交流电压和交流电流的数值都是指有效值，如某电器的额定电压为 220 V，某电路的电流为 3 A。交流电表所测得的数值一般也是有效值。

4. 正弦交流电的表示法

（1）相量法

用来表示正弦量的复数称为相量。复数是相量法的基础，所以相量法又称为复数符号法。正弦电动势 $E_m\sin(\omega t+\varphi)$ 写成相量式时为：

$$\dot{E} = E(\cos\varphi + j\sin\varphi) = E\angle\varphi \qquad (1-25)$$

式中，E 是表示正弦电动势 e 的复数，读作相量 E。相量 E 既表达了电动势 e 的有效值，又表达了它的初相位。为了区别于只能表示有效值的 E，相量 E 写成 $\dot{E}$。式中的 j 就是虚数 $\sqrt{-1}$。在数学中，$\sqrt{-1}$ 是用 i 表示的，但是在电工学中 i 是电流，故用 j 表示 $\sqrt{-1}$。

【例2-2】 已知 $e_1 = 50\sqrt{2}\sin(\omega t+30°)$ V，$e_2 = 100\sqrt{2}\sin(\omega t-30°)$ V，求 e_1 和 e_2 的和。

解 用相量法求和。

$$\dot{E}_1 = 50(\cos 30° + j\sin 30°) = (43.3 + j25)\,(V)$$
$$\dot{E}_2 = 100(\cos 30° - j\sin 30°) = (86.6 - j50)\,(V)$$

相量 $\dot{E}_1$ 与 $\dot{E}_2$ 的和为：

$$\dot{E} = \dot{E}_1 + \dot{E}_2 = (43.4 + j25 + 86.6 - j50) = (129.9 - j25)\,(V)$$

将上式转换成极坐标式为：

$$\dot{E} = E\angle\varphi = \sqrt{(129.9)^2 + (25)^2}\angle\arctan\frac{-25}{129.9} = 132.3\angle 10.9°\,(V)$$

式中，φ 为 e 的初相位。

从相量式可得 e 的函数式

$$e = e_1 + e_2 = 132.3\sqrt{2}\sin(\omega t - 10.9°)\,(V)$$

（2）相量图

相量可以用有向线段在复平面上表示出来。线段的长度代表正弦量的最大值或有效值，称为相量的模；线段与横轴的夹角表示正弦量的初相位，称为相量的辐角。认为线段是以角频率 ω 按逆时针方向旋转的。图1-3-4是正弦电动势 e_1 和 e_2 的相量在复平面上的表示法。同频率的若干相量画在同一个复平面上构成了相量图。

相量图能清晰地表示出各相量的数值和相位关系。例如从图1-3-4中可以看出 $E_1 >$

E_2，且相量 $\dot{E}_1$ 导前于相量 $\dot{E}_2$，相位差为 $\varphi_1 - \varphi_2$。

（3）相量的加法和减法

正弦量的加减法可以在相量图上进行。选定一个相量作为参考相量，假设其初相位为零，画在水平轴上，其他相量就可根据其与参考相量的相位差而画出。在作相量图时一般不画出坐标轴。

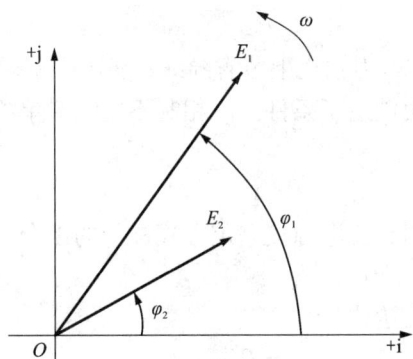

图 1-3-4 复平面的上相量

在图 1-3-4 中，$\dot{E}_2$ 为参考相量，$\dot{E}_1$ 导前于 $\dot{E}_2$ 的相位角为 φ_1。若要计算 $\dot{E}_1$ 与 $\dot{E}_2$ 之和，则

$$\dot{E} = \dot{E}_1 + \dot{E}_2 = E \angle \varphi$$

式中，E 为合成相量的模，其值为：

$$E = \sqrt{(E_1\cos\varphi_1 + E_2)^2 + (E_1\sin\varphi_1)^2}$$

φ 为合成相量的辐角，其值为：

$$\varphi = \arctan \frac{E_1\sin\varphi}{E_1\cos\varphi_1 + E_2}$$

若欲求 $\dot{E}_1$ 与 $\dot{E}_2$ 的差，则

$$\dot{E}' = \dot{E}_1 - \dot{E}_2 = \dot{E}_1 + (-\dot{E}_2)$$

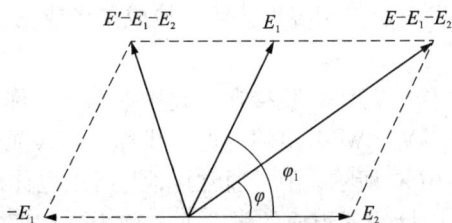

图 1-3-5 相量加减法

$\dot{E}'$ 的模和辐角都可以从图 1-3-5 所示的相量图上求得。

1.3.2　三相正弦交流电路

三相交流电是由三个频率相同、电势振幅相等、相位差互差120°角的交流电路组成的电力系统。目前，我国生产、配送的都是振动三相交流电，是三个相位差互为120°的对称正弦交流电的组合。它是由三相发电机三组对称的绕组产生的，每一绕组连同其外部回路称一相，分别记以 A，B，C。它们的组合称三相制，常以三相三线制和三相四线制方式，即三角形接法和星形接法供电。

三相制的主要优点是：在电力输送上节省导线；能产生旋转磁场，且为结构简单使用方便的异步电动机的发展和应用创造了条件。三相制不排除对单相负载的供电。因此三相交流电获得了最广泛的应用。

1. 三相电源

三相交流电源是三个单相交流电源按一定方式进行的组合，这三个单相交流电源的频率相同、最大值相等、相位互差120°。

对称三相电动势的瞬时表达式为

$$e_U = E_m \sin\omega t$$

$$e_V = E_m \sin(\omega t - 120°)$$

$$e_W = E_m \sin(\omega t + 120°)$$

相量表达式为

$$\dot{E}_U = \angle 0° \qquad \dot{E}_V = E\angle -120° \qquad \dot{E}_W = E\angle 120°$$

对称三相电源的电动势瞬时值或相量值之和都为零，即

$$e_U + e_V + e_W = 0$$

$$\dot{E}_U + \dot{E}_V + \dot{E}_W = 0$$

三个电动势达到最大值(或零)的先后次序称为相序。如先后次序为 U，V，W 则称为正序或顺序；否则，W，V，U 则称为负序或逆序。在以后分析中，如不加以说明，均指正序。

需要指出的是，在发电机三相绕组中，哪个是 U 相可以任意指定，但 U 相确定之后，比 U 相滞后120°就是 V 相，比 U 相超前120°的就是 W 相。在发电厂和变电所中母线通常涂以黄、绿、红三种颜色，分别表示 U，U，W 三相。

2. 三相电源的连接

在实际的电力系统中，发电机三相绕组按要求接成星形或三角形。

(1)星形(Y形)联接

发电机三相绕组的末端 U_2，V_2，W_2 联接在一起用 N 表示，称为中点或零点，从该点引出的导线称为中线。从始端 U_1，V_1，W_1 引出的三根导线称为相线或端线，俗称火线。这样就构成了星形联接。如图 1-3-6(a)所示，中线通常接地，所以也称地线。

这种由三根相线和一根中性线所组成的供电方式称为三相四线制(通常在低压配电中采用)。每相绕组始端与末端之间的电压(即相线和中性线之间的电压)叫相电压，它的瞬时值用 u_U、u_V、u_W 表示。因为三个电动势的最大值相等，频率相同，彼此相位差均120°，所以，三个相电压的最大值也相等，频率也相同，相互之间的相位差也是120°，即三个相电压是对称的。任意两相始端之间的电压(即相线和相线之间的电压)叫线电压，它的瞬时值用 u_{UV}，u_{VW}，u_{WU} 表示。

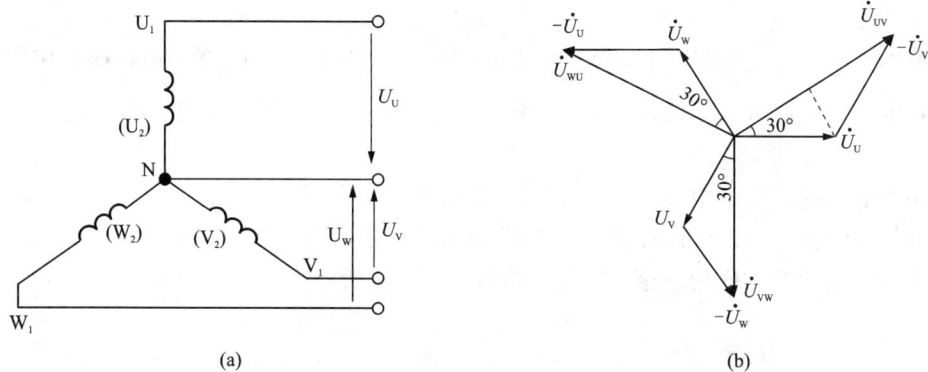

图 1 - 3 - 6　三相电源的星形联接图和相量图

在对称的三相电路中，三相电压的有效值相等，即

$$U_U = U_V = U_W = U_P$$

其中 U_P 为相电压有效值。

所以，三相电压瞬时值表达式可写成

$$u_U = U_m \sin\omega t$$

$$u_V = U_m \sin(\omega t - 120°)$$

$$u_W = U_m \sin(\omega t + 120°)$$

相应的相量用 $\dot{U}_U$，$\dot{U}_V$，$\dot{U}_W$ 表示，相量图如图 1 - 3 - 6(b)所示。

三个线电压可以表为：

$$u_{UV} = u_U - u_V$$

$$u_{VW} = u_V - u_W$$

$$u_{WU} = u_W - u_U$$

其相量分别为

$$\dot{U}_{UV} = \dot{U}_U - \dot{U}_V$$

$$\dot{U}_{VW} = \dot{U}_V - \dot{U}_W$$

$$\dot{U}_{WU} = \dot{U}_W - \dot{U}_U$$

从相量图中还可以看出，$\dot{U}_U$，$-\dot{U}_V$ 和 $\dot{U}_{UV}$ 构成一个等腰三角形，它的顶角是 120°，两底角是 30°，从这个等腰三角形的顶点作一垂线到底边，把 $\dot{U}_{UV}$ 分成相等的两段，得到两个相等的直角三角形，于是可得其有效值的表示式为

$$\frac{1}{2}U_{UV} = U_U\cos30° = \frac{\sqrt{3}}{2}U_U$$

则

$$U_{UV} = \sqrt{3}U_U$$

同理

$$U_{VW} = \sqrt{3}U_V, \ U_{WU} = \sqrt{3}U_W$$

由于三相对称,一般表示式为

$$U_L = \sqrt{3}U_P$$

可见当发电机绕组作星形联接时,三个相电压和三个线电压均为三相对称电压,各线电压的有效值为相电压有效值的$\sqrt{3}$倍,而且各线电压在相位上比各对应的相电压超前30°。

(2)三角形(Δ形)联接

三相发电机绕组的三角形联接,就是把绕组始末端依次联接,即 U_2 与 V_1,V_2 与 W_1,W_2 与 U_1 相联,组成一个闭合回路,由三个联接点引出三根相线就构成三角形联接方式,这种只用三根相线供电的方式称为三相三线制,如图 1-3-7 所示。

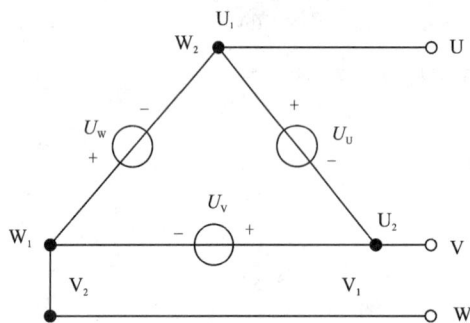

图 1-3-7　三相电源的三角形联接图　　　　图 1-3-8　三相电源的角接电压相量图

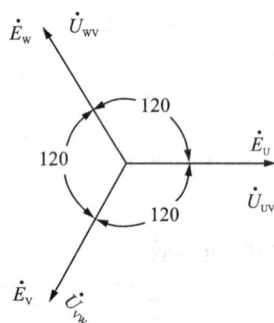

三角形联接时,相电压即为绕组电压,线电压仍为端线电压,由图可看出,线电压就是相电压,即

$$\dot{U}_{UV} = \dot{U}_U \qquad \dot{U}_{VW} = \dot{U}_V \qquad \dot{U}_{WU} = \dot{U}_W$$

一般式则为

$$U_L = U_P$$

电源三角形联接的线电压和相电压的相量图如图 1-3-8 所示,这种接法,只能形成三相三线制供电形式,提供一种电压。

注意:三相电源三角形联接时,切勿接错。当三相绕组正确联接时,三相电动势对称,三相电动势之和为零,闭合回路中无电流。但是,如有一相绕组接反,如图 1-3-9(a)中的 W 相错接,则从图 1-3-9(b)相量图可知,这时三角形回路内的总电动势为 $\dot{E}_U + \dot{E}_V + \dot{E}_W = -2\dot{E}_W$,这样,一个大小等于相电动势 2 倍的电动势,在发电机内部产生很大的环行电流,甚至烧坏绕组。为了防止发生这种事故,绕组在作角接时,在连成闭合回路前,应按图 1-3-9(c)所示,用电压表检测闭合回路的开口是否有很高的电压,核对是否接错。实际上三相发电机绕组三角形连接用的很少。

【例1】 有一台三相发电机,不计绕组本身的阻抗压降,每相绕组的端电压数值上等于每相的电动势,每相绕组的电动势 $E_p = 220$ V,试分别求出将绕组按星形和三角形联接时的相电压和线电压。

解

$$U_P = E_P = 220 \text{ V}$$

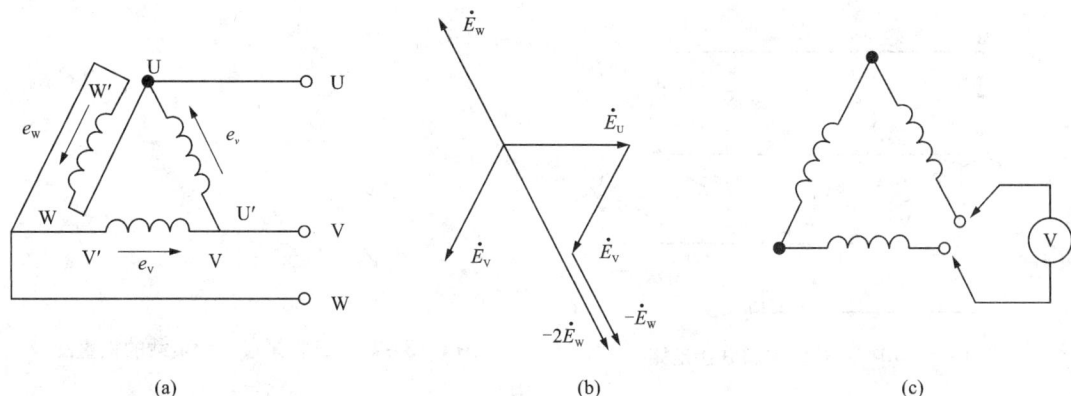

图 1 - 3 - 9　接错的三相三角形联接

绕组星形联接

$$U_L = \sqrt{3} U_P = \sqrt{3} \times 220 = 380 \text{ V}$$

绕组三角形联接

$$U_L = U_P = 220 \text{ V}$$

如果没有特殊说明，一般所说三相电源是指对称电源，而三相电源的电压指线电压。

3. 三相负载联接

（1）负载星形联接的三相电路

接在三相电路中的三相受电器或分别接在各相电路中的三组单相受电器统称为三相负载，用 Z_U，Z_V，Z_W 表示。

如果负载的电阻相等、电抗相等且阻抗性质相同，即 $R_U = R_V = R_W$，$X_U = X_V = X_W$，于是 $Z_U = Z_V = Z_W$，这种负载便称为三相对称负载，否则就称为三相不对称负载。

根据负载的对称与否，电路可接成三相四线制和三相三线制。

①三相四线制。

三相负载 Z_U、Z_V、Z_W 分别接于电源各端线与中线之间。图 1 - 3 - 10 所示为三相四线制联接电路，负载的公共点用 N′ 表示称为负载中性点，NN′连接线称为中线。

三相负载电路中的电流，有线电流和相电流之分，通过每根端线的电流 $\dot{I}_U$，$\dot{I}_V$，$\dot{I}_W$ 称为线电流，其有效值一般用 I_L 表示，它们的正方向由电源指向负载。在各相负载中流过的电流 $\dot{I}_{UN'}$，$\dot{I}_{VN'}$，$\dot{I}_{WN'}$，称为相电流，其有效值一般用 I_P 表示，相电流正方向，指向中性点 N′。如图 1 - 3 - 10 所示中线电流用 $\dot{I}_N$ 表示，方向由负载中点指向电源的中点。显然，在负载为 Y 形的三相四线制的联接电路中，线电流和相电流相等。即

$$I_L = I_P$$

中线电流为三线电流之和

$$\dot{I}_N = \dot{I}_U + \dot{I}_V + \dot{I}_W$$

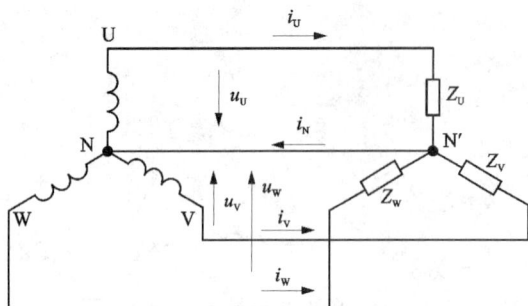

图 1 – 3 – 10　三相四线制联接电路

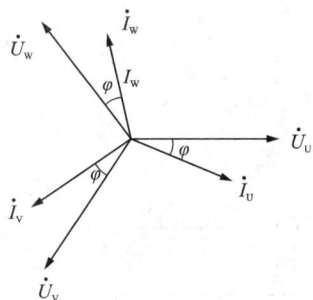

图 1 – 3 – 11　三相星接对称负载的相量图

在三相四线制电路中，由于中线的存在，各相负载两端的电压在忽略电源内阻和导线压降时，可认为就等于电源的相电压，即

$$\dot{U}_U = \dot{U}_{UN} = \dot{U}_{UN'}$$
$$\dot{U}_V = \dot{U}_{VN} = \dot{U}_{VN'}$$
$$\dot{U}_W = \dot{U}_{WN} = \dot{U}_{WN'}$$

每相中电流和电压的关系与单相电路相同，即

$$\dot{I}_U = \dot{I}_{UN'} = \frac{\dot{U}_U}{Z_U}$$

$$\dot{I}_V = \dot{I}_{VN'} = \frac{\dot{U}_V}{Z_V}$$

$$\dot{I}_W = \dot{I}_{WN'} = \frac{\dot{U}_W}{Z_W}$$

如果三相负载对称，则

$$Z_U = Z_V = Z_W = Z = R + jX$$

在三相对称电压的作用下，三相电流也是对称的，每相电流都与相对应的相电压有一个相同的相位差 φ，即：

$$\varphi_U = \varphi_V = \varphi_W = \varphi = \arctan\frac{X}{R}$$

根据式得：

$$\dot{I}_N = \dot{I}_U + \dot{I}_V + \dot{I}_W = 0$$

②三相三线制。

对称三相电流之和等于零，中线没有电流流过，如果将图中的中线去掉，就构成了对称三相负载的三相三线制的电路。

电源无论是 Y 接或 Δ 接，只要线电压对称，负载对称，负载上每相电压都等于 $1/\sqrt{3}$ 倍的线电压，即

$$U_P = U_L/\sqrt{3}$$

在任何瞬间三相电流的代数和为零，三相电流互成回路。

（2）负载三角形联接的三相电路

三相负载依次首尾联接成闭合回路,由三个联接点接电源,称三角形联接。

无论电源采用什么接法,一般电源总是对称的,因此,总可以从电源引出三个对称的线电压 $\dot{U}_{UV}$、$\dot{U}_{VW}$、$\dot{U}_{WU}$ 供给负载。作为三角形联接的电路,只能是三相三线制。显然,负载作三角形接线时,负载的相电压就是电源的线电压,即

$$U_P = U_L$$

由于电源的线电压对称,所以负载的相电压也对称。

规定线电流 $\dot{I}_U$、$\dot{I}_V$、$\dot{I}_W$ 的正向是从电源流向负载;负载上相电流 $\dot{I}_{UV}$、$\dot{I}_{VW}$、$\dot{I}_{WU}$ 的正方向与相电压的正方向一致。在各相负载阻抗 Z_{UV},Z_{VW},Z_{WU} 为已知时,可用欧姆定律的相量形式,直接求出各相负载中的电流。即

$$\dot{I}_{UV} = \frac{\dot{U}_{UV}}{Z_{UV}} \qquad \dot{I}_{VW} = \frac{\dot{U}_{VW}}{Z_{VW}} \qquad \dot{I}_{WU} = \frac{\dot{U}_{WU}}{Z_{WU}}$$

根据基尔霍夫定律可得线电流为

$$\dot{I}_U = \dot{I}_{UV} - \dot{I}_{WU} \qquad \dot{I}_V = \dot{I}_{VW} - \dot{I}_{UV} \qquad \dot{I}_W = \dot{I}_{WU} - \dot{I}_{VW}$$

将三式相加可得

$$\dot{I}_U + \dot{I}_V + \dot{I}_W = 0$$

这表示无论什么负载,只要做三角形联接,在任何瞬间线电流的代数和等于零。

如果三相负载对称,即

$$Z = Z_{UV} = Z_{VW} = Z_{WU} = R + jX$$

则负载的相电流有效值为

$$I_P = I_{UV} = I_{VW} = I_{WU} = \frac{U_P}{Z}$$

功率因数角为

$$\varphi = \varphi_{UV} = \varphi_{VW} = \varphi_{WU} = \arctan \frac{X}{R}$$

对称三相负载三角形联接时相量图,如图 1 – 3 – 13 所示,相电流对称,显然线电流也是对称的。线电流的大小可由相量图求得

$$\frac{1}{2}I_L = I_P\cos30° = \frac{\sqrt{3}}{2}I_P \qquad I_L = \sqrt{3}I_P$$

线电流的相位,滞后对应相电流30°。

综上可知,对称负载作三角形联接时,相电流和线电流都是对称的,在数值上线电流等于相电流的 $\sqrt{3}$ 倍,在相位上滞后于对应相电流30°。

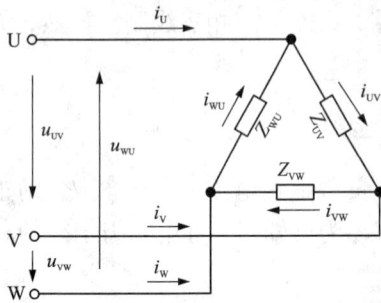

图 1 – 3 – 12　三相负载的三角形图

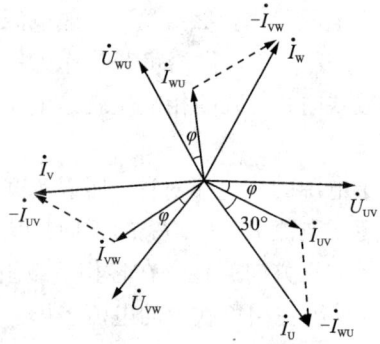

图 1 – 3 – 13　对称负载角形联接的相量图

1.3.3　三相电路的功率

1. 瞬时功率

三相电源或三相负载的瞬时功率等于各相瞬时功率之和。即

$$p = p_U + p_V + p_W$$

在对称三相电路中

$$p_U = u_U i_U = \sqrt{2} U_P \sin\omega t \, \sqrt{2} I_P \sin(\omega t - \varphi)$$
$$= U_P I_P [\cos\varphi - \cos(2\omega t - \varphi)]$$
$$p_V = u_V i_V = U_P I_P [\cos\varphi - \cos(2\omega t - 240° - \varphi)]$$
$$p_W = u_W i_W = U_P I_P [\cos\varphi - \cos(2\omega t - 480° - \varphi)]$$

上面三个式子中的后面一项，由于对称关系其和为零，所以对称三相电路的瞬时功率为：

$$p = p_U + p_V + p_W = 3U_P I_P \cos\varphi$$

此式表明，对称三相制的瞬时功率是一个常量，通常把这种性质称为瞬时功率平衡。这是对称三相电路的一个优点。这种特性反映到三相发电机或三相电动机的运行上，就使电机转轴所受到的转矩平稳，没有震动。

2. 有功功率

在三相电路中，三相电源发出有功功率，或三相负载吸收的有功功率都等于它们各相的有功功率之和，即

$$P = P_U + P_V + P_W = U_U I_U \cos\varphi_U + U_V I_V \cos\varphi_V + U_W I_W \cos\varphi_W$$

式中，φ_U，φ_V，φ_W 分别为 U 相、V 相、W 相的相电压和相电流之间的相位差。

在对称三相电路中，由于各相电压和各相电流的有效值均相等，而且各相电压、电流之间相位差也相等，因而各相的平均功率相等，这时三相有功功率为

$$P = 3U_P I_P \cos\varphi$$

若负载为星形联接，则

$$U_P = \frac{U_L}{\sqrt{3}} \qquad I_P = I_L$$

若负载为角形联接，则

$$U_P = U_L \qquad I_P = \frac{I_L}{\sqrt{3}}$$

因而不论那种联接法，都有 $3U_PI_P = \sqrt{3}U_LI_L$，因此对称三相电路的有功功率可写成

$$P = \sqrt{3}U_LI_L\cos\varphi$$

必须注意，此式中 φ 仍然是相电压和相电流之间的相位差，它决定于负载的阻抗，而与负载的联接法无关。

3. 无功功率

三相电路的无功功率等于各相无功功率之和，即

$$Q = Q_U + Q_V + Q_W$$
$$= U_UI_U\sin\varphi_U + U_VI_V\sin\varphi_V + U_WI_W\sin\varphi_W$$

对称三相电路的无功功率为

$$Q = 3U_PI_P\sin\varphi$$

或

$$Q = \sqrt{3}U_LI_L\sin\varphi$$

4. 视在功率

三相电路的视在功率为

$$S = \sqrt{P^2 + Q^2}$$

对称三相电路的视在功率为

$$S = 3U_PI_P$$

或

$$S = \sqrt{3}U_LI_L$$

5. 功率因数

三相电路的功率因数仍定义为

$$\cos\varphi = \frac{P}{S}$$

注意：在三相不对称电路中，φ 角无实际意义，只在对称三相电路中 φ 角才有实际意义，表示每相负载的阻抗角。

①在电源线电压不变的情况下，负载从星形联接改为三角形联接后，相电压和相电流都增加为原来的 $\sqrt{3}$ 倍，线电流和功率都增加为原来的 3 倍。这对一般负载是很危险的。因此，在实际工作中，一定要注意负载的正确联接，即应该使每相承受的电压等于负载的额定相电压。

②只有每相负载所承受的相电压相同，不管这个负载接成星形还是三角形，其相电流和功率均相等。在实际中，有些三相用电器的铭牌上写 220 V /380 V（Δ/Y）就是指的这个用电器可在线电压 220 V 下接成三角形，或者在线电压 380 V 下接成星形，两者功率相等。

任务四　安全用电及防护

1.4.1　电流对人体的伤害

1. 电流对人体的伤害

电流对人体的伤害就是通常说的电击，是电流的能量直接作用于人体或转换成其他形式的能量作用于人体造成的伤害。

（1）电击

电击是电流通过人体，机体组织受到刺激，肌肉不由自主地发生痉挛性收缩造成的伤害。严重的电击是指人的心脏、肺部神经系统的正常工作受到破坏，乃至危及生命的伤害，数十毫安的工频电流即可使人遭到致命的电击。电击致伤的部位主要在人体内部，而在人体外部不会留下明显痕迹。

50 mA（有效值）以上的工频交流电流通过人体，一般既可能引起心室颤动或心脏停止跳动，也可能导致呼吸中止。但是，前者的出现比后者早得多，即前者是主要的。

（2）电伤

电伤是由电流的热效应、化学效应、机械效应等对人体造成的伤害，造成电伤的电流都比较大。电伤会在机体表面留下明显的伤痕，但其伤害作用可能深入体内。与电击相比，电伤属局部性伤害。电伤的危险程度决定于受伤面积、受伤深度、受伤部位等因素。电伤包括电烧伤、电烙印、皮肤金属化、机械损伤、电光眼等多种伤害。

2. 电流对人体危害的因素

（1）通过人体电流的大小

不同的电流会引起人体不同的反应，按习惯，人们通常把电击电流分为感知电流、反应电流、摆脱电流和心室纤颤电流等。从安全角度考虑，规定男子的允许摆脱阈值电流为9 mA，女子为6 mA。

（2）电流通过人体的持续时间

电击时间越长，电流对人体引起的热伤害、化学伤害及生理伤害就愈严重。特别是电流持续时间的长短和心室颤动有密切的关系。从现有的资料来看，最短的电击时间是8.3 ms，超过5 s的很少。

（3）电流通过人体的途径

电流通过心脏、脊椎和中枢神经等要害部位时，电击的伤害最为严重。因此从左手到胸部以及从左手到右脚是最危险的电流途径。从右手到胸部或从右手到脚、从手到手等都是很危险的电流途径，从脚到脚一般危险性较小，但不等于说没有危险。一方面，由于跨步电压造成电击时，开始电流仅通过两脚间，电击后由于双足剧烈痉挛而摔倒，此时电流就会流经其他要害部位，同样会造成严重后果；另一方面，即使是两脚受到电击，也会有一部分电流流经心脏，这同样会带来危险。

（4）人体电阻的影响

在一定的电流作用下，流经人体的电流大小和人体电阻成反比，因此人体电阻的大小对电击后果产生一定的影响。人体电阻有表面电阻和体积电阻之分。皮肤电阻随条件不同，使得人体电阻的变化幅度也很大。当人体皮肤处于干燥、洁净和无损伤的状态时，人体电阻可高达 $40 \sim 100$ kW；而当皮肤处于潮湿状态，如湿手、出汗、人体电阻会降到 1000 W 左右；如皮肤完全遭到破坏，人体电阻将下降到 $600 \sim 800$ W。

（5）电流频率的影响

电流的频率除了会影响人体电阻外，还会对电击的伤害程度产生直接的影响。$25 \sim 300$ Hz 的交流电对人体的伤害远大于直流电。同时对交流电来说，当低于或高于以上频率范围时，它的伤害程度就会显著减轻。

（6）人体状况的影响

电流对人体的作用，女性比男性更敏感，女性的感知电流和摆脱电流约比男性低 1/3。由于心室颤动电流约与体重成正比，因此小孩遭受电击比成人危险。

从一些国家运行经验看，确认流过人体电流不超过 30 mA，持续时间不超过 0.1 s，对人体是安全的。

1.4.2 人体触电方式

1. 单相触电

人体的某一部分与一相带电体及大地（或中性线）构成回路，当电流通过人体流过该回路时，即造成人体触电，这种触电称为单相触电，如图 1-4-1 所示。

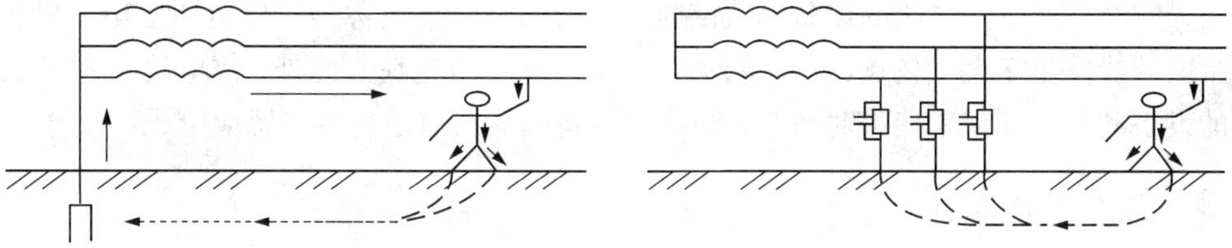

(a)中性点直接接地　　　　　　　(b)中性点不直接接地

图 1-4-1　单相触电

2. 两相触电

人体某一部分介于同一电源两相带电体之间并构成回路所引起的触电，称为两相触电，如图 1-4-2 所示。

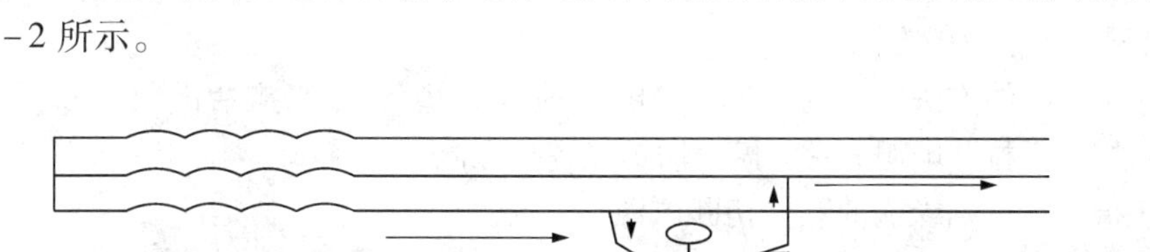

图 1-4-2　两相触电

3.跨步电压触电

当带电体接地时，有电流向大地扩散，其电位分布以接地点为圆心向圆周扩散，在不同位置形成电位差。若人站在这个区域内，则两脚之间的电压，称为跨步电压，由此所引起的触电称为跨步电压触电。

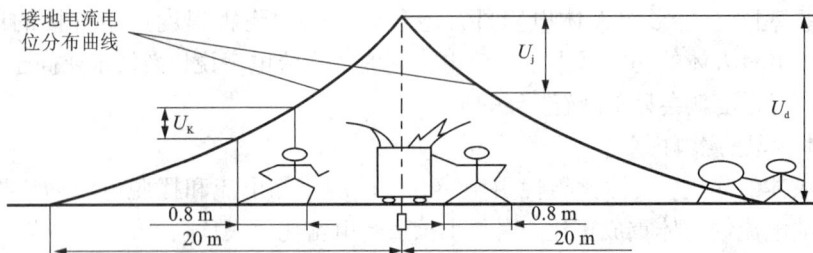

图1-4-3　跨步电压触电

4.接触电压触电

当运行中的电气设备绝缘损坏或由于其他原因而造成接地短路故障时，接地电流通过接地点向大地流散，在以接地点为圆心的一定范围内形成分布电位。当人触及漏电设备外壳时，电流通过人体和大地形成回路，由此造成的触电称为接触电压触电。

5.感应电压触电

当人触及带有感应电压的设备和线路时，造成的触电事故称为感应电压触电。例如，一些不带电的线路由于大气变化(如雷电活动)，会产生感应电荷。此外，停电后一些可能感应电压的设备和线路如果未接临时地线，则这些设备和线路对地均存在感应电压。

1.4.3　触电急救措施

触电急救"八字方针"：迅速、就地、准确、坚持。

触电急救的第一步是使触电者迅速脱离电源，第二步是现场救护，现分述如下：

1.使触电者脱离电源

电流对人体的作用时间愈长，对生命的威胁愈大。所以，触电急救的关键是首先要使触电者迅速脱离电源。可根据具体情况，选用下述几种方法使触电者脱离电源：

(1)脱离低压电源的方法

脱离低压电源的方法可用"拉""切""挑""拽"和"垫"五字来概括：

"拉"：指就近拉开电源开关、拔出插销或瓷插保险。

"切"：指用带有绝缘柄的利器切断电源线。

"挑"：如果导线搭落在触电者身上或压在身下，这时可用干燥的木棒、竹竿等挑开导线或用干燥的绝缘绳套拉导线或触电者，使之脱离电源。

"拽"：救护人可戴上手套或在手上包缠干燥的衣服、围巾、帽子等绝缘物品拖曳触电者，使之脱离电源。

"垫"：如果触电者由于痉挛手指紧握导线或导线缠绕在身上，救护人可先用干燥的木板塞进触电者身下使其与地绝缘来隔断电源，然后再采取其他办法把电源切断。

（2）脱离高压电源的方法

由于装置的电压等级高，一般绝缘物品不能保证救护人的安全，而且高压电源开关距离现场较远，不便拉闸。因此，使触电者脱离高压电源的方法与脱离低压电源的方法有所不同，通常的做法是：

①立即电话通知有关供电部门拉闸停电。

②如电源开关离触电现场不甚远，则可戴上绝缘手套，穿上绝缘靴，拉开高压断路器，或用绝缘棒拉开电源开关以切断电源。

③往架空线路抛挂裸金属软导线，人为造成线路短路，迫使继电保护装置动作，从而使电源开关跳闸。

④如果触电者触及断落在地上的带电高压导线，且尚未确证线路无电之前，救护人不可进入断线落地点 8～10 m 的范围内，以防止跨步电压触电。

2．现场救护

触电者脱离电源后，应立即就地进行抢救。根据触电者受伤害的轻重程度，现场救护有以下几种抢救措施：

（1）触电者未失去知觉的救护措施

如果触电者所受的伤害不太严重，神志尚清醒，只是心悸、头晕、出冷汗、恶心、呕吐、四肢发麻、全身乏力，甚至一度昏迷，但未失去知觉，则应让触电者在通风暖和的处所静卧休息，并派人严密观察，同时请医生前来或送往医院诊治。

（2）触电者已失去知觉（心肺正常）的抢救措施

如果触电者已失去知觉，但呼吸和心跳尚正常，则应使其舒适地平卧着，解开衣服以利呼吸，四周不要围人，保持空气流通，冷天应注意保暖，同时立即请医生前来或送往医院诊察。若发现触电者呼吸困难或心跳失常，或发生痉挛，应立即施行人工呼吸或胸外心脏挤压。

（3）对"假死"者的急救措施

如果触电者呈现"假死"（即所谓电休克）现象，则可能有三种临床症状：一是心跳停止，但尚能呼吸；二是呼吸停止，但心跳尚存（脉搏很弱）；三是呼吸和心跳均已停止。"假死"症状的判定方法是"看""听""试"。"看"是观察触电者的胸部、腹部有无起伏动作；"听"是用耳贴近触电者的口鼻处，听他有无呼气声音；"试"是用手或小纸条试测口鼻有无呼吸的气流，再用两手指轻压一侧（左或右）喉结旁凹陷处的颈动脉有无搏动感觉。如"看""听""试"的结果，既无呼吸又无颈动脉搏动，则可判定触电者呼吸停止或心跳停止或呼吸心跳均停止。"看""听""试"的操作方法如图 1-4-4 所示。

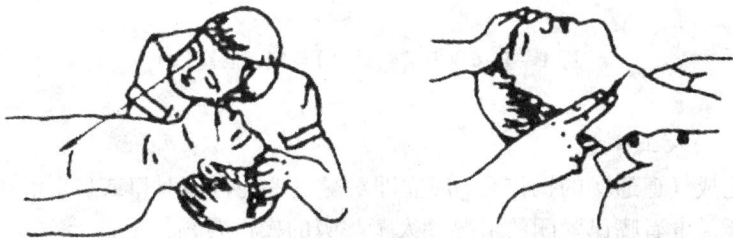

图 1-4-4 判定"假死"的看、听、试

当判定触电者呼吸和心跳停止时，应立即按心肺复苏法就地抢救。所谓心肺复苏法就是支持生命的三项基本措施，即通畅气道；口对口(鼻)人工呼吸；胸外按压(人工循环)。

3. 通畅气道

若触电者呼吸停止，要紧的是始终确保气道通畅，其操作要领是：

①清除口中异物。使触电者仰面躺在平硬的地方，迅速解开其领扣、围巾、紧身衣和裤带。如发现触电者口内有食物、假牙、血块等异物，可将其身体及头部同时侧转，迅速用一个手指或两个手指交叉从口角处插入，从中取出异物，操作中要注意防止将异物推到咽喉深处。

②采用仰头抬颌法(图1-4-5)通畅气道。操作时，救护人用一只手放在触电者前额，另一只手的手指将其颏颌骨向上抬起，两手协同将头部推向后仰，舌根自然随之抬起、气道即可畅通。气道是否畅通如图1-4-6所示。为使触电者头部后仰，可于其颈部下方垫适量厚度的物品，但严禁用枕头或其他物品垫在触电者头下，因为头部抬高前倾会阻塞气道，还会使施行胸外按压时流向脑部的血量减小，甚至完全消失。

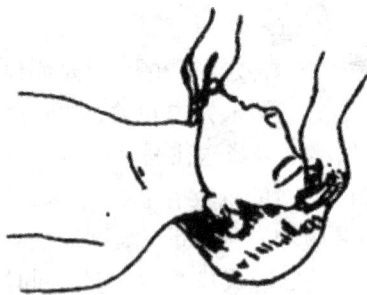

图1-4-5   仰头抬颌法

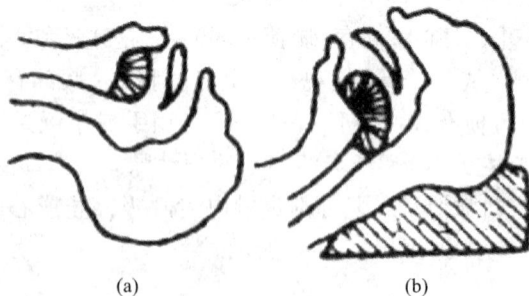

(a)   (b)

图1-4-6   气道畅通(a)与气道阻塞(b)

4. 口对口(鼻)人工呼吸

救护人在完成气道通畅的操作后，应立即对触电者施行口对口或口对鼻人工呼吸。口对鼻人工呼吸用于触电者嘴巴紧闭的情况。人工呼吸的操作要领如下：

①先大口吹气刺激起搏。救护人蹲跪在触电者的左侧或右侧；用放在触电者额上的手的

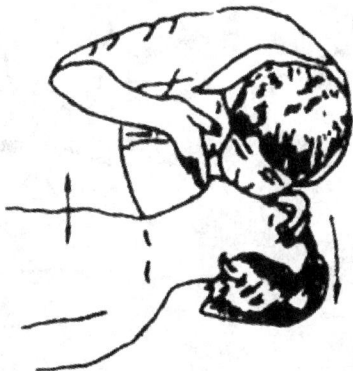

图 1 - 4 - 7

手指捏住其鼻翼，另一只手的食指和中指轻轻托住其下巴；救护人深吸气后，与触电者口对口紧合，在不漏气的情况下，先连续大口吹气两次，每次 1～1.5 s；然后用手指试测触电者颈动脉是否有搏动，如仍无搏动，可判断心跳确已停止，在施行人工呼吸的同时应进行胸外按压。

②正常口对口人工呼吸。大口吹气两次试测颈动脉搏动后，立即转入正常的口对口人工呼吸阶段。正常的吹气频率是每分钟约 12 次（儿童 15 次/分，注意每次吹气量）。正常的口对口人工呼吸操作姿势如上述。但吹气量不需过大，以免引起胃膨胀，如触电者是儿童，吹气量宜小些，以免肺泡破裂。救护人换气时，应将触电者的鼻或口放松，让他借自己胸部的弹性自动吐气。吹气和放松时要注意触电者胸部有无起伏的呼吸动作。吹气时如有较大的阻力，可能是头部后仰不够，应及时纠正，使气道保持畅通。

③触电者如牙关紧闭，可改行口对鼻人工呼吸。吹气时要将触电者嘴唇紧闭，防止漏气。

5.胸外按压

胸外按压是借助人力使触电者恢复心脏跳动的急救方法。其有效性在于选择正确的按压位置和采取正确的按压姿势。

（1）确定正确的按压位置的步骤

①右手的食指和中指沿触电者的右侧肋弓下缘向上，找到肋骨和胸骨接合处的中点（按压部位为胸骨中段 1/3 与下段 1/3 交界处）。

②右手两手指并齐，中指放在切迹中点（剑突底部），食指平放在胸骨下部，另一只手的掌根紧挨食指上缘置于胸骨上，掌根处即为正确按压位置，如图 1 - 4 - 8 所示。

（2）正确的按压姿势

①使触电者仰面躺在平硬的地方并解开其衣服，仰卧姿势与口对口（鼻）人工呼吸法相同。

②救护人立或跪在触电者一侧肩旁，两肩位于触电者胸骨正上方，两臂伸直，肘关节固定不屈，两手掌相叠，手指翘起，不接触触电者胸壁。

③以髋关节为支点，利用上身的重力，垂直将正常成人胸骨压陷 3～5 cm（儿童和瘦弱者

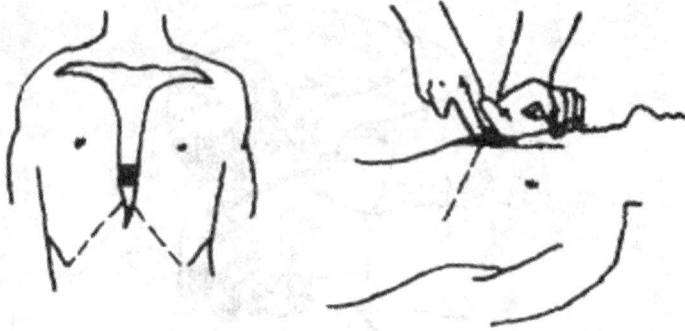

图 1 - 4 - 8   正确按压位置

酌减)。成人胸骨下陷 4 ~ 5 cm,儿童 3 cm,婴儿 2 cm。

④压至要求程度后,立即全部放松,但救护人的掌根不得离开触电者的胸壁,按压要平稳,有规则,不能间断,不能冲击猛压。

接压姿势与用力方法如图 1 - 4 - 9 所示。按压有效的标志是在按压过程中可以触到颈动脉搏动。

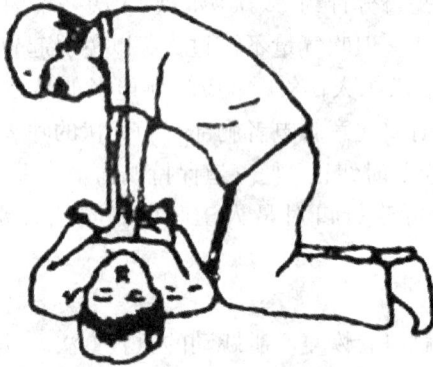

图 1 - 4 - 9   按压姿势与用力方法

(3)恰当的按压频率

①胸外按压要以均匀速度进行。操作频率以每分钟 80 次为宜(成人每分钟 80 ~ 100 次;儿童每分钟 100 次),每次包括按压和放松一个循环,按压和放松的时间相等。

②当胸外按压与口对口(鼻)人工呼吸同时进行时,操作的节奏为:应该是先进行 30 下胸外按压,再人工呼吸 2 次,而后以 30:2 的比例轮流进行,反复进行;双人救护时,每按压 15 次后由另一人吹气 1 次(15:1),反复进行。

(4)现场救护中的注意事项

1)抢救过程中应适时对触电者进行再判定

①按压吹气 1 分钟后(相当于单人抢救时做了 4 个 30:2 循环),应采用"看、听、试"方

法在 5～7 秒内完成对触电者是否恢复自然呼吸和心跳的再判断。

②若判定触电者已有颈动脉搏动，但仍无呼吸，则可暂停胸外按压，而再进行 2 次口对口人工呼吸，接着每隔 5 秒吹气一次（相当于每分钟 12 次）。如果脉搏和呼吸仍未能恢复，则继续坚持心肺复苏法抢救。

③在抢救过程中，要每隔数分钟用"看、听、试"方法再判定一次触电者的呼吸和脉搏情况，每次判定时间不得超过 5～7 秒。在医务人员未前来接替抢救前，现场人员不得放弃现场抢救。

2）抢救过程中移送触电伤员时的注意事项

①心肺复苏应在现场就地坚持进行，不要图方便而随意移动触电伤员，如确有需要移动时，抢救中断时间不应超过 30 秒。

②移动触电者或将其送往医院，应使用担架并在其背部垫以木板，不可让触电者身体蜷曲着进行搬运。移送途中应继续抢救，在医务人员未接替救治前不可中断抢救。

③应创造条件，用装有冰屑的塑料袋做成帽状包绕在伤员头部，露出眼睛，使脑部温度降低，争取触电者心、肺、脑能得以复苏。

3）触电者好转后的处理

如触电者的心跳和呼吸经抢救后均已恢复，可暂停心肺复苏法操作。但心跳呼吸恢复的早期仍有可能再次骤停，救护人应严密监护，不可麻痹，要随时准备再次抢救。触电者恢复之初，往往神志不清、精神恍惚或情绪躁动、不安，应设法使他安静下来。

4）慎用药物

人工呼吸和胸外按压是对触电"假死"者的主要急救措施，任何药物都不可替代。无论是兴奋呼吸中枢的可拉明、洛贝林等药物，或者是有使心脏复跳的肾上腺素等强心针剂，都不能代替人工呼吸和胸外心脏按压这两种急救办法。必须强调指出的是，对触电者用药或注射针剂，应由有经验的医生诊断确定，慎重使用。例如肾上腺素有使心脏恢复跳动的作用，但也可使心脏由跳动微弱转为心室颤动，从而导致触电者心跳停止而死亡，这方面的教训是不少的。因此，现场触电抢救中，对使用肾上腺素等药物应持慎重态度。如没有必要的诊断设备条件和足够的把握，不得乱用。而在医院内抢救触电者时，则由医务人员据医疗仪器设备诊断的结果决定是否采用这类药物救治。此外，禁止采取冷水浇淋、猛烈摇晃、大声呼唤或架着触电者跑步等"土"办法刺激触电者的举措，因为人体触电后，心脏会发生颤动，脉搏微弱，血流混乱，如果在这种险象下用上述办法强烈刺激心脏，会使触电者因急性心力衰竭而死亡。

5）触电者死亡的认定

对于触电后失去知觉、呼吸心跳停止的触电者，在未经心肺复苏急救之前，只能视为"假死"。任何在事故现场的人员，一旦发现有人触电，都有责任及时和不间断地进行抢救。"及时"就是要争分夺秒，即医生到来之前不等待，送往医院的途中也不可中止抢救。"不间断"就是要有耐心坚持抢救，有抢救近 5 小时终使触电者复活的实例，因此，抢救时间应持续 6 小时以上，直到救活或医生作出触电者已临床死亡的认定为止。

只有医生才有权认定触电者已死亡，宣布抢救无效，否则就应本着人道主义精神坚持不懈地运用人工呼吸和胸外按压对触电者进行抢救。

1.4.4　关于电伤的处理

电伤是触电引起的人体外部损伤(包括电击引起的摔伤)、电灼伤、电烙伤、皮肤金属化这类组织损伤，需要到医院治疗。但现场也必须预作处理，以防止细菌感染，损伤扩大。这样，可以减轻触电者的痛苦和便于转送医院。

①对于一般性的外伤创面，可用无菌生理食盐水或清洁的温开水冲洗后，再用消毒纱布防腐绷带或干净的布包扎，然后将触电者护送去医院。

②如伤口大出血，要立即设法止住。压迫止血法是最迅速的临时止血法，即用手指、手掌或止血橡皮带在出血处供血端将血管压瘪在骨骼上而止血，同时火速送医院处置。如果伤口出血不严重，可用消毒纱布或干净的布料叠几层盖在伤口处压紧止血。

③高压触电造成的电弧灼伤，往往深达骨骼，处理十分复杂。现场救护可用无菌生理盐水或清洁的温开水冲洗，再用酒精全面涂擦，然后用消毒被单或干净的布类包裹好送往医院处理。

④对于因触电摔跌而骨折的触电者，应先止血、包扎，然后用木板、竹竿、木棍等物品将骨折肢体临时固定并速送医院处理。

项目二　磁场和电磁感应

【学习目标】

✤ 了解磁场的基本概念，以及磁场方向与电流方向的关系

✤ 理解磁场的基本物理量的概念，掌握磁场对电流的作用力公式和左手定则

✤ 理解楞次定律

✤ 理解电磁感应现象，掌握产生感应电流的条件

任务一　磁场的基础知识

2.1.1　磁现象

我国是世界上最早发现磁现象的国家，早在战国末年就有磁铁的记载，我国古代的四大发明之一的指南针就是其中之一，指南针的发明为世界的航海业做出了巨大的贡献。磁现象与人类有着密切的联系。例如生活中离不开的电话、电视、发电机、电动机，现代科学研究中离不开的电流表、质谱仪、计算机、回旋加速器等，都跟磁现象有关。这是因为电现象和磁现象有着密不可分的联系，凡是用到电的地方，几乎都有磁相伴随。下面我们就来看看磁现象在生活中的一些应用。

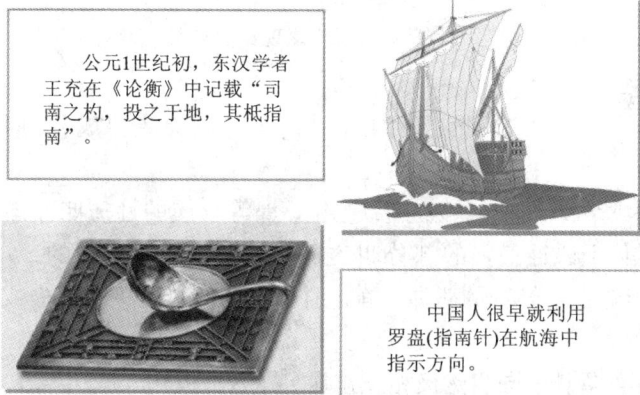

公元1世纪初，东汉学者王充在《论衡》中记载"司南之杓，投之于地，其柢指南"。

中国人很早就利用罗盘(指南针)在航海中指示方向。

图 2-1-1　古代的磁现象应用

电脑把数据储存在有一层磁性涂层的塑料盘上。磁盘转动时，磁头在它表面移动，把电讯号转变成磁脉冲，使信息作为磁迹留存在磁盘上。

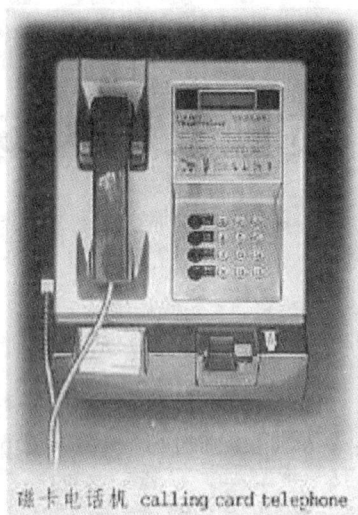

磁卡电话机 calling card telephone

图2-1-2　现代磁现象的应用

上海磁悬浮列车专线西起上海地铁龙阳路站，东至上海浦东国际机场，列车加速到平稳运行之后，速度是430 km/h。这个速度超过了F1赛事的最高时速

图2-1-3　现代磁现象的应用

最初发现的磁体是被称为"天然磁石"的矿物，其中含有主要成分为Fe_3O_4，能吸引其他物体，很像磁铁。

那么什么是磁体呢？人们把能够吸引铁、钴、镍等物质的性质叫作磁性，具有磁性的物质，称之为磁体。磁体上磁性最强的部分叫磁极。磁极是成对出现的，分别为北极和南极，也叫N极和S极。能够自由转动的磁体，静止时指南的那个磁极叫南极或S极，指北的那个磁极叫北极或N极。

磁体间相互作用的规律：同名磁极相互排斥，异名磁极相互吸引。

一些物体在某些条件下可以获得磁性，这种现象叫作磁化。

图 2-1-4　"天然磁石"的矿物

图 2-1-5　深色 N 极，浅色 S 极

2.1.2　磁场

　　磁体周围存在一种看不见、摸不着的物质，称为磁场。磁极之间相互作用的磁力是通过磁场发生的。磁铁在周围的空间里产生磁场，磁场对处在它里面的磁极有磁场力的作用。

　　思考：

　　将磁针放到磁体附近，磁针指向发生偏转，说明什么？

　　答案：磁针受到了力的作用。

　　力是物体对物体的作用，磁体和磁针没有接触，怎么会有力的作用呢？

　　答案：磁体之间通过磁场，彼此产生磁场力作用。

　　1.磁场的方向

　　磁感线实验：

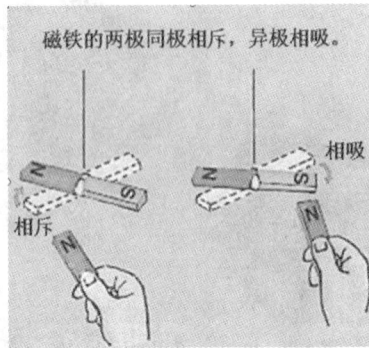

图 2 – 1 – 6   磁体的相互作用

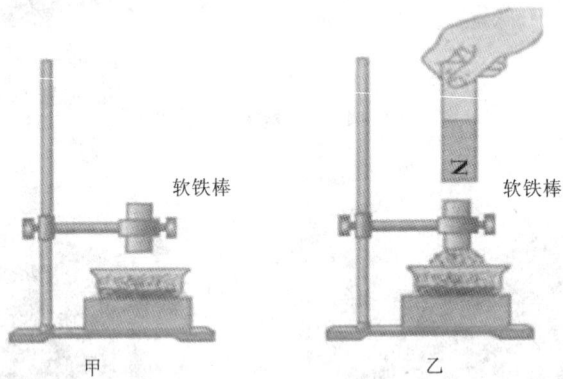

图 2 – 1 – 7   磁化现象

将几个小磁针放在条形磁体周围的不同地方。磁针所指的方向相同吗？小磁针所受磁力的方向相同吗？这样的现象反映了磁场有什么性质？

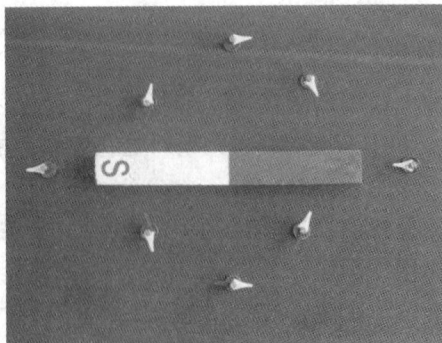

图 2 – 1 – 8   小磁针指示磁场方向

　　把小磁针放在磁体的磁场中，小磁针因受磁场力的作用，它的两极静止时不一定指向南北方向，而指向另外某一个方向。在磁场中的不同点，小磁针静止时指的方向一般并不相同。这个事实说明，磁场是有方向性的。物理学规定，在磁场中的任一点，小磁针北极受力的方向，亦即小磁针静止时北极所指的方向，就是那一点的磁场方向。

　　实验中常用铁屑在磁场中被磁化的性质，来显示磁感线的形状。在磁场中放一块玻璃板，在玻璃板上均匀地撒一层细铁屑，细铁屑在磁场里被磁化成"小磁针"。轻敲玻璃板使铁屑能在磁场作用下转动，铁屑静止时有规则地排列起来，就显示出磁感线的形状。

　　2. 磁场分布

　　磁感线实验：如果我们想知道磁体周围整个磁场的分布，要怎样做？

　　在磁体上面放一块有机玻璃，玻璃上均匀地撒一些铁屑，轻敲玻璃，观察。

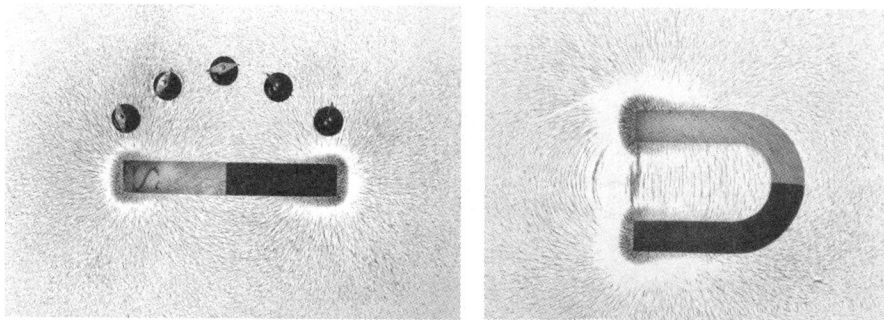

图 2 - 1 - 9　铁屑描述磁场分布

　　磁化后的铁屑就像一个个小磁针，在磁场的作用下，形象地显示出磁场的分布。在磁场中人们可以利用磁感线来形象地描述各点的磁场方向。我们把小磁针在磁场中排列情况，用一根带箭头的曲线画出来，形象地描述磁场，这样的曲线叫作磁感线。

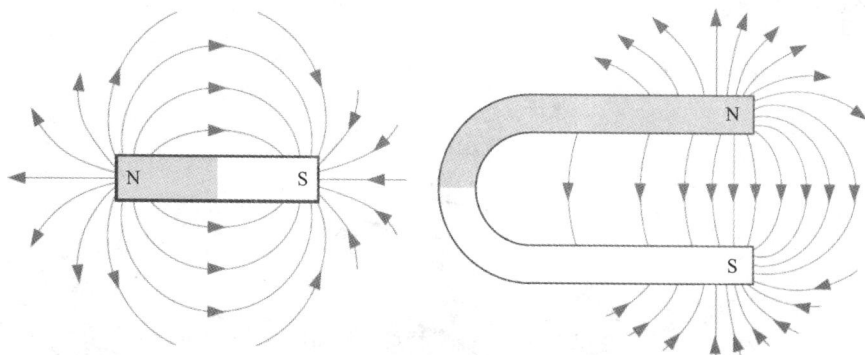

图 2 - 1 - 10　条形磁体和 U 形磁体的磁感线

　　磁感线上任意一点的方向，与该点的磁场方向相同。

　　磁感线是描述磁场的方法，并不存在。

磁体内部的磁感线都是从磁体的 S 极出发,回到 N 极;外部的磁感线都是从磁体的 N 极出发,回到 S 极,是闭合的曲线。

3. 电流磁效应(奥斯特的故事)

奥斯特是丹麦物理学家,他从小聪明好学,1794 年以优异的成绩考入哥本哈根大学学习,后来成为这所大学的物理教授。

他相信各种自然现象间存在联系。经过长时间用实验寻找,在多次失败后,1820 年,奥斯特在课堂上做实验时发现了电和磁之间的联系。

(1)通电直导线的磁场

实验 1:磁针会转动吗? 磁针转动说明了什么?

如图 2 - 1 - 11 所示,将一枚磁针放置在直导线下,使导线和电池触接,连通电路,观察小磁针的变化。

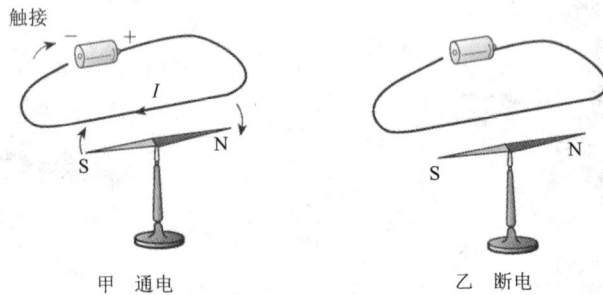

图 2 - 1 - 11 通电导线产生磁场

磁针发生转动。通电后磁针转动,说明电流周围有磁场。这个磁场与地磁场方向不同,所以磁针转动。

实验 2:磁针会转动吗? 说明什么呢?

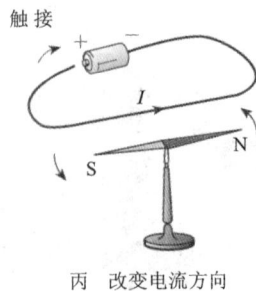

图 2 - 1 - 12 通电导线产生磁场

改变电流的方向,观察磁针的变化。磁针转动方向相反。说明电流的磁场方向跟电流方向有关。

电流的磁效应：

电流的周围存在磁场，电流的磁场方向跟电流方向有关。

通电导线周围存在与电流方向有关的磁场，这种现象叫作电流的磁效应。

通电直导线产生的磁场的方向可以用通电直导线中的安培定则确定判断：用右手握住通电直导线，让大拇指指向电流的方向，那么四指的指向就是磁感线的环绕方向。

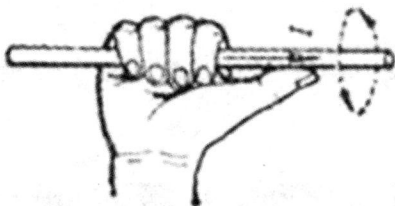

直导线产生的磁感环绕方向

图 2 - 1 - 13　直导线产生的磁场方向判断

（2）通电螺线管的磁场

实验1：探究通电螺线管外部的磁场分布。

演示：在螺线管的两端各放一个小磁针，在硬纸板上均匀地撒满铁屑。通电后观察指针指向，轻敲纸板，观察铁屑的排列情况。

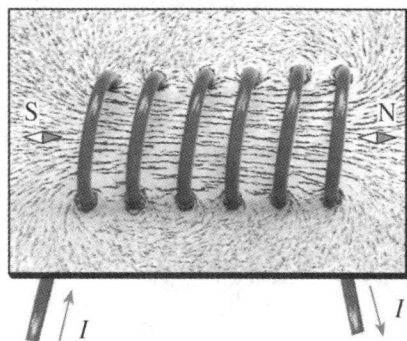

图 2 - 1 - 14　通电螺线管的磁场

改变电流方向，两侧小磁针的指向反转。

实验2：把小磁针放到螺线管周围不同位置，在图上记录磁针 N 极的方向。

结合以上两个实验，对比图 2 - 1 - 15 可知：通电螺线管的外部磁场与条形磁体的磁场相似。将导线绕在圆筒上，做成螺线管（也叫线圈）。通电后各圈导线磁场产生叠加，磁场增强。

实验3：通电螺线管的极性与环绕螺线管的电流方向之间的关系。使用图中实验装置，组成实验电路。

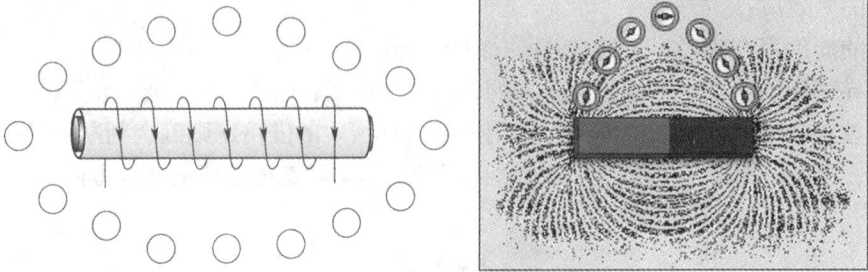

图 2 - 1 - 15　通电螺线管与条形磁体的磁场

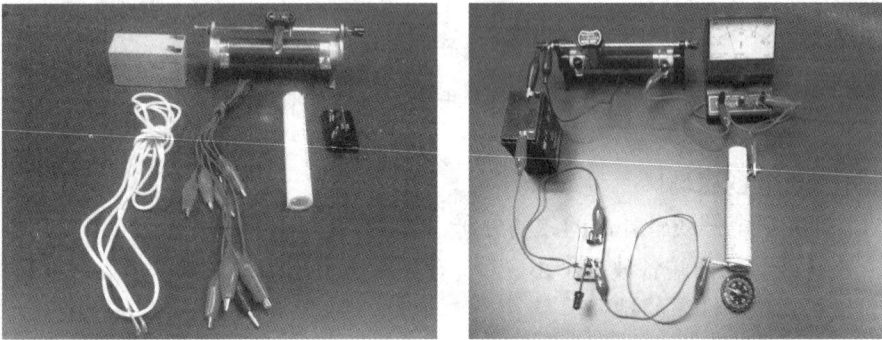

图 2 - 1 - 16　通电螺线管产生的磁场与电流的关系

仔细观察螺线管的绕线方法，并画出示意图，并判断螺线管中电流方向，标示在示意图上。

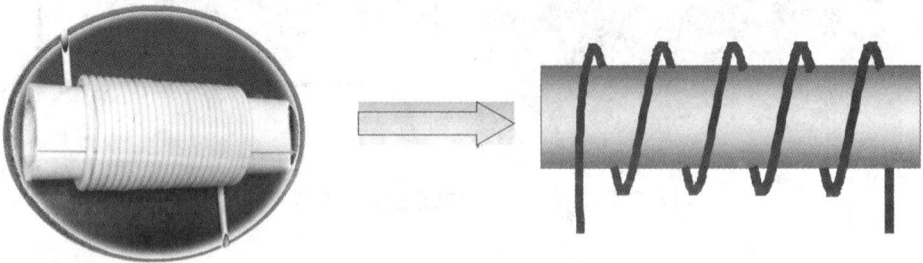

图 2 - 1 - 17　螺线管绕线方向

预想可能的不同种情况，小组间交流。通过实验，判断螺线管的 N、S 极，并标在图中。

实验结果：

实验结论：

通电螺线管外部的磁场和条形磁体的磁场一样。

通电螺线管两端的极性与其中的电流方向有关。

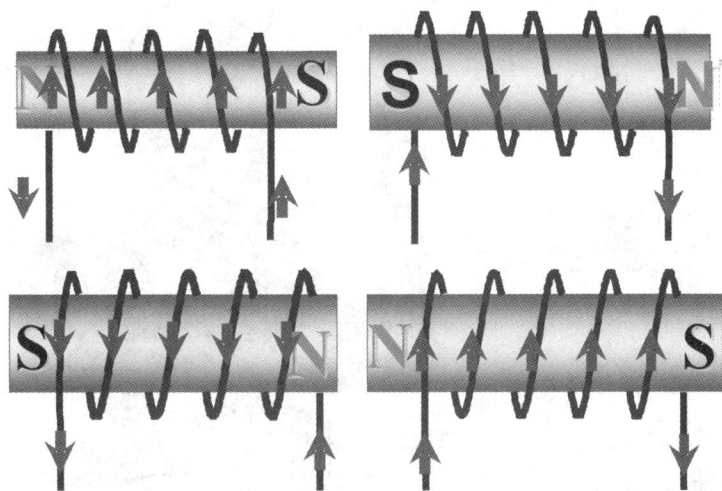

图2-1-18 实验结果

你能用一个巧妙的方法把通电螺线管两端的极性与其中的电流方向的关系表述出来吗?

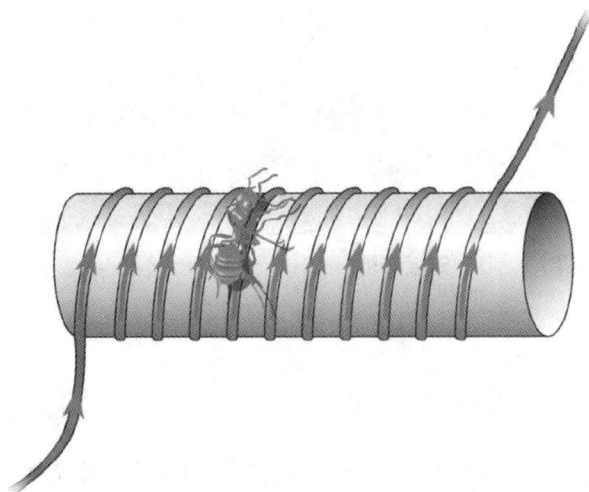

蚂蚁沿着电流方向绕螺线管爬行,说:N极就在我的左边。

图2-1-19 通电螺线管的磁场方向

猴子用右手把一个大螺线管夹在腋下,说:如果电流沿着我右臂所指的方向流动,N极就在我的前方。

4.安培定则

用右手握住螺线管,让四指指向螺线管中电流的方向,则拇指所指的那端就是螺线管的N极。

猴子用右手把一个大螺线管夹在腋下，说：如果电流沿着我右臂所指的方向流动，那么N极就在我的前方。

图 2 - 1 - 20   通电螺线管的磁场方向

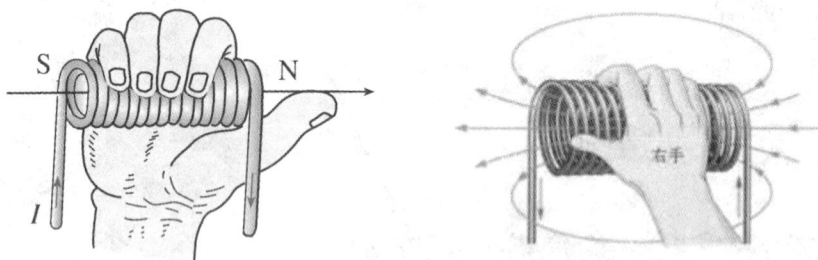

图 2 - 1 - 21   安培定则

2.1.3   磁场基本物理量

1. 磁感应强度

磁场中垂直于磁场方向的通电直导线，所受的磁场力 F 与电流 I 和导线长度 L 的乘积的比值叫作通电直导线所在处的磁感应强度 B。即：磁感应强度是描述磁场强弱和方向的物理量。

定义式：

$$F = BIL$$

表达式：

$$B = \frac{F}{IL}$$

磁感应强度是一个矢量，它的方向即为该点的磁场方向。在国际单位制中，磁感应强度的单位是：特斯拉(T)。

用磁感线可形象描述磁感应强度 B 的大小，B 较大的地方，磁场较强，磁感线较密；B 较小的地方，磁场较弱，磁感线较稀；磁感线的切线方向即为该点磁感应强度 B 的方向。匀强磁场中各点的磁感应强度大小和方向均相同。

2. 磁通

在磁感应强度为 B 的匀强磁场中取一个与磁场方向垂直，面积为 S 的平面，则 B 与 S 的乘积，叫作穿过这个平面的磁通量 Φ，简称磁通。

定义式：

$$\Phi = BS$$

磁通的国际单位是韦伯（Wb）。

由磁通的定义式，可得

$$B = \frac{\Phi}{S}$$

即：磁感应强度 B 可看作是通过单位面积的磁通，因此磁感应强度 B 也常叫作磁通密度，并以 $\frac{\text{Wb}}{\text{m}^2}$ 作为单位。

3. 磁导率

（1）磁导率 μ

磁导率在磁场中各点的磁感应强度 B 的大小不仅与产生磁场的电流和导体有关，还与磁场内媒介质（又叫作磁介质）的导磁性质有关。在磁场中放入磁介质时，介质的磁感应强度 B 将发生变化，磁介质对磁场的影响程度取决于它本身的导磁性能。

物质导磁性能的强弱用磁导率 μ 来表示。μ 的单位是：亨利/米（H/m）。不同的物质磁导率不同。在相同的条件下，μ 值越大，磁感应强度 B 越大，磁场越强；μ 值越小，磁感应强度 B 越小，磁场越弱。

真空中的磁导率是一个常数，用 μ_0 表示。

$$\mu_0 = 4\pi \times 10^{-7} \, \text{Wb}/(\text{A} \cdot \text{m})$$

（2）相对磁导率 μ_r

以真空磁导率 μ_0 为基准，将其他物质的磁导率 μ 与 μ_0 比较，其比值叫相对磁导率，用 μ_r 表示，即

$$\mu_r = \mu/\mu_0$$

根据相对磁导率 μ_r 的大小，可将物质分为三类：

顺磁性物质：μ_r 略大于 1，如空气、氧、锡、铝、铅等物质都是顺磁性物质。在磁场中放置顺磁性物质，磁感应强度 B 略有增加。

反磁性物质：μ_r 略小于 1，如氢、铜、石墨、银、锌等物质都是反磁性物质，又叫作抗磁性物质。在磁场中放置反磁性物质，磁感应强度 B 略有减小。

铁磁性物质：$\mu_r \gg 1$，且不是常数，如铁、钢、铸铁、镍、钴等物质都是铁磁性物质。在磁场中放入铁磁性物质，可使磁感应强度 B 增加几千甚至几万倍。

4. 磁场强度

在各向同性的媒介质中，某点的磁感应强度 B 与磁导率 μ 之比称为该点的磁场强度，记做 H。即：

$$H = B/\mu$$

磁场强度 H 也是矢量,其方向与磁感应强度 B 同向,国际单位是:安培/米(A/m)。

必须注意:磁场中各点的磁场强度 H 的大小只与产生磁场的电流 I 的大小和导体的形状有关,与磁介质的性质无关。

5. 电场与磁场的关系

均匀变化的电场产生稳定的磁场,均匀变化的磁场产生稳定的电场,周期性变化的电场产生周期性变化的的磁场,周期性变化的磁场产生周期性变化的的电场。

相同点:电场和磁场均为矢量场,即都具有大小和方向。

不同点:电场为有源场,即散度不为零,磁场为无源场,散度为零。

电场不存在闭合的电场线,即电场是无旋场。磁场总是存在闭合的磁场线,即磁场为有旋场。

任务二　电磁感应原理

电磁感应是指因为磁通量变化产生感应电动势的现象,而由电磁感应引起的电动势叫感应电动势,由感应电动势引起的电流叫作感应电流。电磁感应现象的发现,乃是电磁学领域中最伟大的成就之一。它不仅揭示了电与磁之间的内在联系,而且为电与磁之间的相互转化奠定了实验基础,为人类获取巨大而廉价的电能开辟了道路,在实用上有重大意义。

2.2.1　楞次定律

1. 定义

1834 年,物理学家海因里希·楞次在概括了大量实验事实的基础上,总结出一条判断感应电流方向的规律:感应电流具有这样的方向,即感应电流的磁场总要阻碍引起感应电流的磁通量的变化,称为楞次定律。简单地说就是"来拒去留"的规律,这就是楞次定律的主要内容。楞次定律也可简练地表述为:感应电流的效果,总是阻碍磁通量的变化。

2. 判定感应电流方向

①明确原磁场的方向及磁通量的变化情况(增加或减少);

②确定感应电流的磁场方向,依"增反减同"确定;

③用安培定则确定感应电流的方向。

弄清最基本的因果关系,"楞次定律"所揭示的这一因果关系可用上文的第 2 张图表示。感应磁场与原磁场磁通量变化之间阻碍与被阻碍的关系:原磁场磁通量的变化是因,感应电流的产生是果,原因引起结果,结果又反作用于原因,二者在其发展过程中相互作用,互为因果。

3. 能量转化的关系

"楞次定律"是能量转化和守恒定律在电磁运动中的体现,符合能量守恒定律,感应电流的磁场阻碍引起感应电流的原磁场的磁通量的变化,因此,为了维持原磁场磁通量的变化,就必须有动力作用,这种动力克服感应电流的磁场的阻碍作用做功,将其他形式的能转变为感应电流的电能,所以"楞次定律"中的阻碍过程,实质上就是能量转化的过程。

2.2.2 电磁感应定律

实验 1：

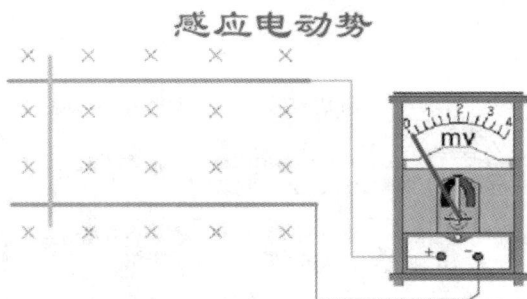

图 2－2－1 电磁感应实验一

实验结论：用导线切割磁感线，产生感应电流的实验中，导线运动的速度越快、磁体的磁场越强，产生的感应电流越大。

实验 2：

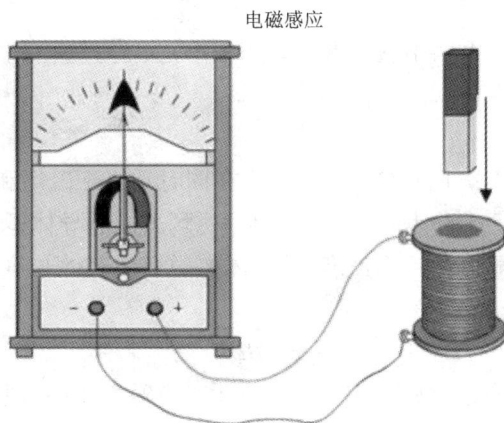

图 2－1－2 电磁感应实验二

实验结论：在向线圈中插入条形磁铁的实验中，磁铁的磁场越强、插入的速度越快，产生的感应电流就越大。

1831 年，法拉第通过上述实验发现了电磁学中最重要的规律——电磁感应定律，揭示了磁通与电动势之间存在如下关系：

如果在闭合磁路中磁通随时间而变化，那么将在线圈中感应出电动势；感应电动势的大小与磁通的变化率成正比，即：

$$E = \Delta\Phi/\Delta t$$

式中物理量都取国际单位：

　　E：电动势，单位 V；

　　$\Delta\Phi$：磁通变化量，单位 Wb；

　　Δt：时间变化量，单位 s。

　　★Φ，$\Delta\Phi$，$\Delta\Phi/\Delta t$ 的意义：

	物理意义	与电磁感应关系
后来磁通量减开始磁通量	穿过回路的磁感线的条数多少	没有直接关系
磁通量变化 $\Delta\Phi$	穿过回路的磁通量变化了多少	产生感应电动势的条件
磁通量变化率 $\Delta\Phi/\Delta t$	穿过回路的磁通量变化的快慢	决定感应电动势的大小

　　磁通量的变化率 $\Delta\Phi/\Delta t$：表示磁通量变化的快慢。

　　①磁通量的变化率跟磁通量的变化不同。磁通量为零时，磁通量的变化率不一定为零，磁通量变化大不等于磁通量的变化率大。

　　②$\Delta\Phi/\Delta t$ 是指在时间 Δt 内磁通量变化快慢的平均值；$\Delta t \to 0$，$\Delta\Phi/\Delta t$ 表示在某瞬时磁通量变化的快慢。

　　法拉第电磁感应定律：电路中感应电动势的大小，跟穿过这一电路的磁通量的变化率成正比。

　　1. 动生电动势

　　导体以垂直于磁感线的方向在磁场中运动，在同时垂直于磁场和运动方向的两端产生的电动势，称为动生电动势。实验表明：当直导体、磁场方向和导体运动方向三者互相垂直时，导体中的感应电动势 e 与导体的运动速度 v、导体在磁场中有效长度 L 和磁感应强度 B 成正比，即：

$$e = BLv$$

　　感应电动势的方向由右手定则确定。伸开右手，使磁力线穿过掌心，大拇指指向导体运动方向，与大拇指垂直的四指则指向感应电动势的方向。

　　若导体运动方向与磁场方向成 α 角时，则

$$e = BLv\sin\alpha$$

式中，$v\sin\alpha$ 为速度在磁场垂直方向上的分量，B，L，v，e 的单位分别为 T，m，m/s，V。

　　2. 感生电动势

　　固定回路中的磁场发生变化，使回路中磁通量变化，而产生的感生电动势，称为感生电动势。产生感生电动势时，导体或导体回路不动，而磁场变化。

　　①作用：在电路的作用就是电源，其电路就是内电路，当它与外电路联接后就会对外电路供电。

　　②产生原因：涡旋电场产生的电场力作为一种非静电力在导体中产生感生电动势。

③特征：由于磁场的强弱变化，闭合电路中产生了感应电流，电路中的自由电荷是在感应电场作用下定向移动的，即由于感应电场的变化，在电路中形成了感应磁场，感应电场为涡旋电场。

根据电磁感应定律，感生电动势的大小为：

$$e = N \frac{\Delta \varphi}{\Delta t}$$

式中，N 是线圈匝数，$\frac{\Delta \varphi}{\Delta t}$ 是磁通变化率。

感应电动势的方向由楞次定律判定。

项目三 　电机与变压器

【学习目标】

✿ 理解及掌握交流发电机的结构、
　 工作原理
✿ 掌握交流发电机的应用
✿ 理解及掌握三相异步电动机的结构、
　 工作原理

✿ 掌握、运用三相异步电动机的控制线路
✿ 理解、掌握直流电动机的原理及应用
✿ 理解、掌握变压器的原理及应用
✿ 掌握三相异步电动机的应用

任务一 　交流发电机

交流发电机是汽车的主要电源之一，它与电压调节器互相配合工作，其主要任务是对除起动机以外的所有用电设备供电，并向汽车上的蓄电池充电。

3.1.1 　交流发电机的分类

交流发电机按总体结构形式可分为普通式（发电机与电压调节器独立安装）、整体式、带真空泵式、无刷式、永磁式等。

按励磁绕组的搭铁方式可分为内搭铁式和外搭铁式两种。

按整流器的形式可分为 6 管整流、8 管整流、9 管整流、11 管整流等。

3.1.2 　交流发电机的结构

整体式交流发电机主要由定子、转子、电刷、整流器、前后端盖、风扇及带轮等组成（电压调节器装在交流发电机后端的防护罩内，但不是交流发电机的组成部分）。

3.1.3 　交流发电机的工作原理

交流发电机定子的三相绕组，按在空间上相差 120° 的规律排列在发电机的定子槽内。当磁场绕组接通直流电源时即被励磁，转子的爪形磁极被磁化为数对 N 极和 S 极。其磁力线由 N 极出发，穿过转子与定子之间很小的气隙进入定子铁芯，最后又通过气隙回到 S 极。当转子旋转时，磁力线切割定子绕组，在三相绕组中产生频率相同、幅值相等、相位相差 120 电角度的正弦电动势。

3.1.4　交流发电机的输出电压与频率

交流发电机的输出电压与频率、定子绕组的匝数及励磁绕组的磁通量成正比,一个交流发电机制成后,输出电压只与其转速、励磁绕组的磁通量有关。

整流过程:以6个管构成的三相桥式整流电路为例,如图3-1-1所示。3个负二极管VD2,VD4,VD6的正极并接在负极板上搭铁,3个正二极管VD1,VD3,VD5的负极并接在正极板上输出。每个时刻有两个二极管同时导通。

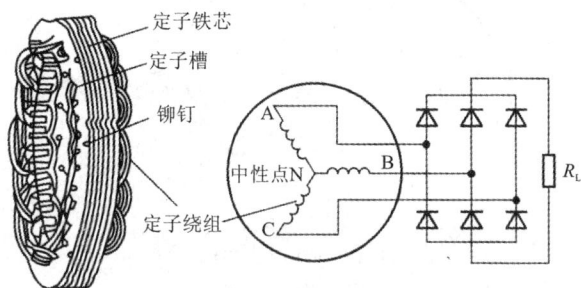

图3-1-1　定子总成

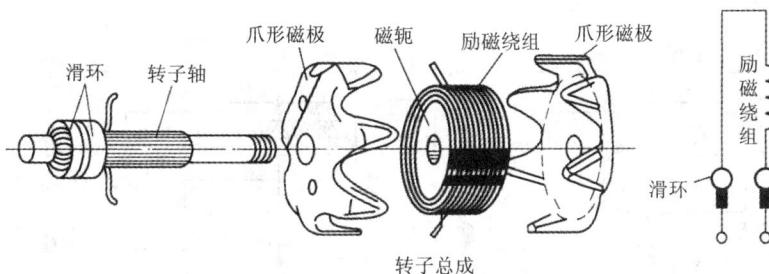

图3-1-2　转子总成

3.1.5　励磁方式

在发电机开始发电时,采用他励方式,即由蓄电池提供励磁电流,使输出电压随发电机转速迅速上升。当发电机输出电压高于蓄电池电压(发电机的转速达到1000 r/min左右)时,励磁电流便由发电机自身供给,这种励磁方式称为自励。由此可见,汽车交流发电机在输出电压建立前后分别采用了他励和自励两种不同的励磁方式。

3.1.6　交流发电机励磁电流的控制形式

一种是控制励磁电流的火线,其搭铁通过发电机本体直接搭铁,这种控制方式为内搭铁,如图3-1-3(a)所示;另一种控制方式是控制励磁电流的搭铁,这种控制方式为外搭铁,如图3-1-3(b)所示。

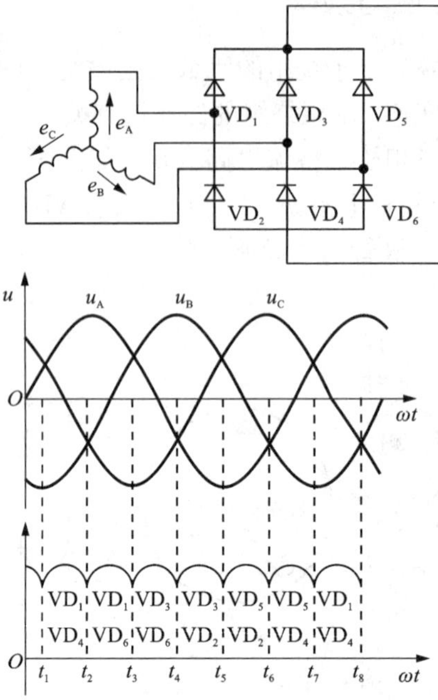

图 3 – 1 – 3   三相桥式整流电路

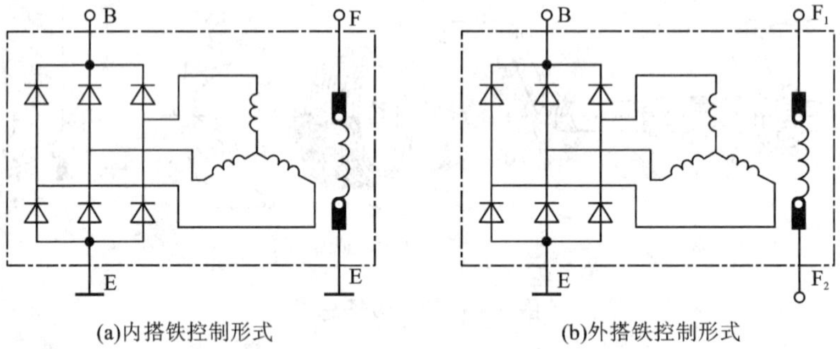

(a)内搭铁控制形式   (b)外搭铁控制形式

图 3 – 1 – 4   励磁电流控制形式

3.1.7   交流发电机的正确使用

　　汽车交流发电机均为负极搭铁，蓄电池搭铁极性必须与发电机一致。否则蓄电池将正向加在整流二极管上使二极管烧坏。

　　发电机运转时，不能短接交流发电机的"＋B"、"E"端子(即采用搭铁试火的方法)来检查发电机是否发电，否则容易烧坏整流二极管。

　　发现发电机不发电或充电电流很小时，应及时找出原因并排除故障。如果继续运转，故障会扩大。一个二极管短路后，会导致其他两个二极管和定子绕组被烧坏。

　　当整流器的 6 个整流二极管与定子绕组联接时，禁止使用 220 V 交流电源检查发电机的绝缘情况，否则将会损坏二极管。

交流发电机在与调节器配用时，电压等级必须一致。否则充电系统不能正常工作。内搭铁型调节器只能与内搭铁型发电机配用；外搭铁型调节器只能与外搭铁型发电机配用。

汽车停驶时应断开点火开关，以免蓄电池长时间向励磁绕组放电。

任务二 三相异步电动机

实现电能与机械能相互转换的电工设备总称为电机。电机是利用电磁感应原理实现电能与机械能的相互转换。把机械能转换成电能的设备称为发电机，而把电能转换成机械能的设备叫作电动机。

3.2.1 异步电动机的主要用途及优缺点

用途：主要用作电动机，去拖动各种生产机械。

优点：结构简单、制造容易、价格低廉、运行可靠、坚固耐用、运行效率较高和具有适用的工作特征。

缺点：功率因数较差。异步电动机运行时，必须从电网里吸收落后性的无功功率，它的功率因数总是小于1。

右图是一台三相鼠笼型异步电动机的外形图。

图 3-2-1 三相鼠笼型异步电动机

3.2.2 三相异步电动机的结构

定子是用来产生旋转磁场的。三相电动机的定子一般由外壳、定子铁芯、定子绕组等部分组成。

1. 外壳

三相电动机外壳包括机座、端盖、轴承盖、接线盒及吊环等部件。

机座：铸铁或铸钢浇铸成型，它的作用是保护和固定三相电动机的定子绕组。中、小型三相电动机的机座还有两个端盖支承着转子，它是三相电动机机械结构的重要组成部分。通常，机座的外表要求散热性能好，所以一般都铸有散热片。

端盖：用铸铁或铸钢浇铸成型，它的作用是把转子固定在定子内腔中心，使转子能够在

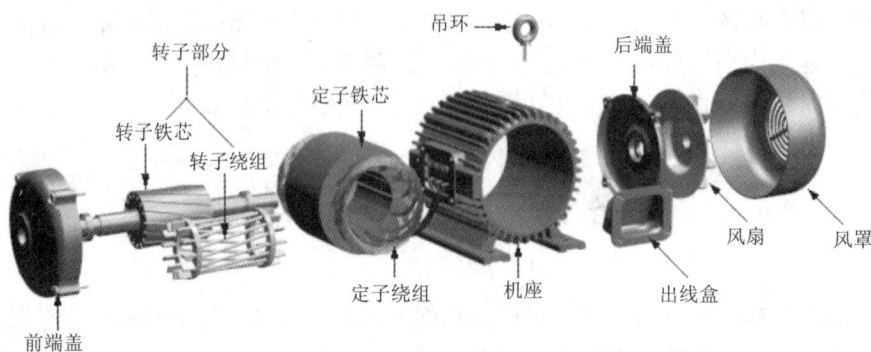

图 3 - 2 - 2   三相鼠笼型异步电动机拆分图

定子中均匀地旋转。

轴承盖：也是用铸铁或铸钢浇铸成型的，它的作用是固定转子，使转子不能轴向移动，另外起存放润滑油和保护轴承的作用。

接线盒：一般是用铸铁浇铸，其作用是保护和固定绕组的引出线端子。

吊环：一般是用铸钢制造，安装在机座的上端，用来起吊、搬抬三相电动机的。

2. 定子铁芯

异步电动机定子铁芯是电动机磁路的一部分，由 0.35 ~ 0.5 mm 厚表面涂有绝缘漆的薄硅钢片叠压而成，如图 3 - 2 - 3 所示。由于硅钢片较薄而且片与片之间是绝缘的，所以减少了由于交变磁通通过而引起的铁芯涡流损耗。铁芯内圆有均匀分布的槽口，用来嵌放定子绕圈。

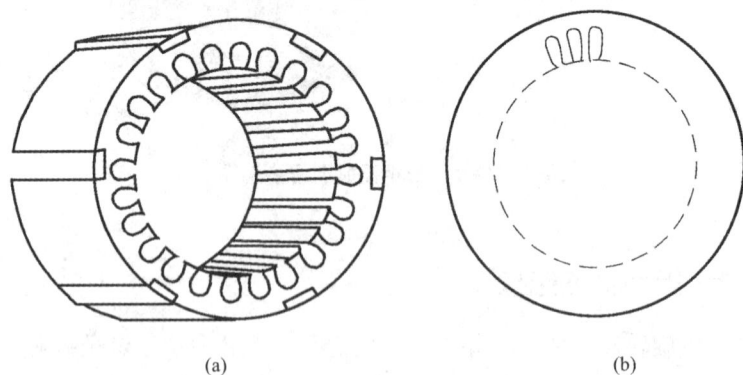

(a)   (b)

图 3 - 2 - 3   定子铁芯及冲片示意图

3. 定子绕组

定子绕组是三相电动机的电路部分，三相电动机有三相绕组，通入三相对称电流时，就会产生旋转磁场。三相绕组由三个彼此独立的绕组组成，且每个绕组又由若干线圈联接而成。每个绕组即为一相，每个绕组在空间相差 120° 电角度。线圈由绝缘铜导线或绝缘铝导线绕制。中、小型三相电动机多采用圆漆包线,大、中型三相电动机的定子线圈则用较大截面的绝缘扁铜线或扁铝线绕制后,再按一定规律嵌入定子铁芯槽内。定子三相绕组的六个出线端都引至接线盒上,首端分别标为 U_1,V_1,W_1,末端分别标为 U_2,V_2,W_2。这六个出线端在接线盒里的排列如图 3 - 2 - 4 所示,可以接成星形或三角形。

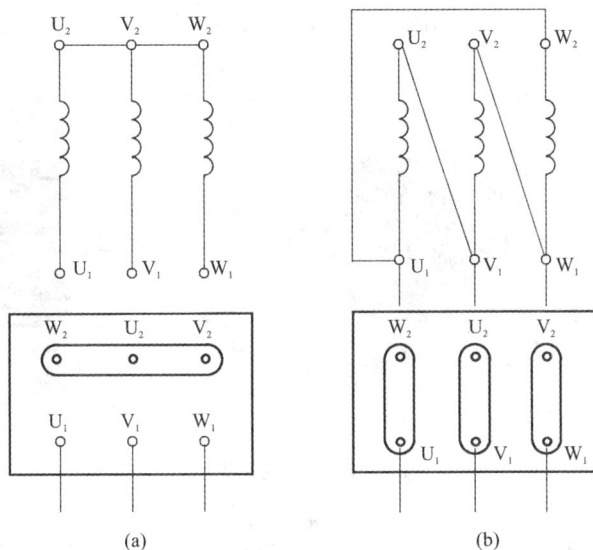

(a)   (b)

图 3 - 2 - 4 定子绕组的联接

定子绕组是电路重要的组成部分,定子绕组用绝缘的铜(或铝)导线绕成,嵌在定子槽内。

异步电动机的转子是由转子铁芯、转子绕组和转轴组成的。

①转子铁芯:是电动机磁路的一部分,它用 0.5 mm 厚的硅钢片叠压而成。铁芯固定在转轴或转子支架上,整个转子的外表呈圆柱形。

②转子绕组:分为笼型和绕线型两类。

图 3 - 2 - 5 鼠笼转子与鼠笼绕组

　　笼型转子：笼型绕组是一个自己短路的绕组。在转子的每个槽里放上一根导体，在铁心的两端用端环联接起来，形成一个短路的绕组。如果把转子铁芯拿掉，则可看出，剩下来的绕组形状像个松鼠笼子，因此又叫鼠笼转子。导条的材料有用铜的，也有用铝的。如果用的是铜料，就需要把事先做好的裸铜条插入转子铁芯上的槽里，再用铜端环套在伸了两端的铜条上，最后焊在一起，如图 3 - 2 - 6(b)所示。如果用的是铸铝，就连同端环、风扇一次铸成，如图 3 - 2 - 6(c)所示。笼型转子结构简单、制造方便，是一种经济、耐用的电机，所以应用极广。

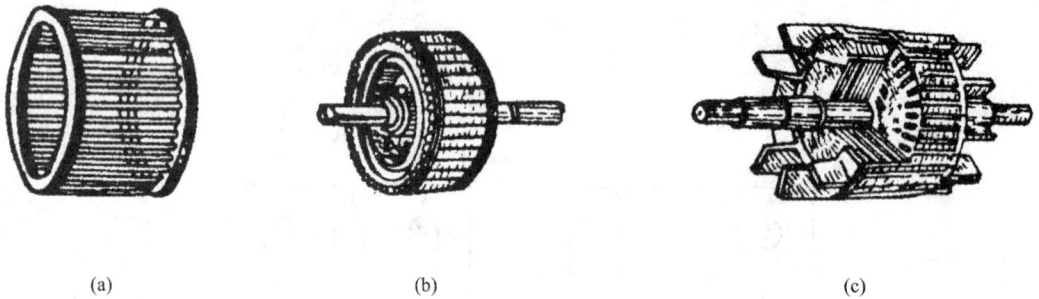

| (a) | (b) | (c) |

图 3 - 2 - 6　鼠笼绕组

　　其他部分：包括端盖、风扇等。端盖除了起防护作用外，在端盖上还装有轴承，用以支撑转子轴。风扇则用来通风冷却电动机。三相异步电动机的定子与转子之间的空气隙，一般仅为 0.2 ~ 1.5 mm。气隙太大，电动机运行时的功率因数降低；气隙太小，使装配困难，运行不可靠，高次谐波磁场增强，从而使附加损耗增加以及使启动性能变差。

3.2.3　异步电机的工作原理

1. 基本原理

为了说明三相异步电动机的工作原理，我们做如下演示实验，如图 3 - 2 - 7 所示。

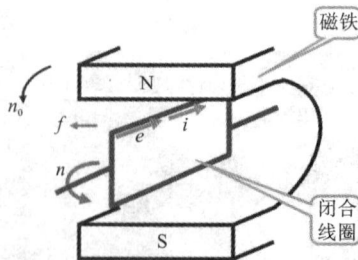

图 3 - 2 - 7　三相异步电动机工作原理

　　①演示实验：在装有手柄的蹄形磁铁的两极间放置一个闭合导体，当转动手柄带动蹄形磁铁旋转时，将发现导体也跟着旋转；若改变磁铁的转向，则导体的转向也跟着改变。

　　②现象解释：当磁铁旋转时，磁铁与闭合的导体发生相对运动，鼠笼式导体切割磁力线

而在其内部产生感应电动势和感应电流。感应电流又使导体受到一个电磁力的作用，于是导体就沿磁铁的旋转方向转动起来，这就是异步电动机的基本原理。转子转动的方向和磁极旋转的方向相同。

③结论：欲使异步电动机旋转，必须有旋转的磁场和闭合的转子绕组。

2. 旋转磁场

（1）旋转磁场产生

图3-2-8表示最简单的三相定子绕组AX，BY，CZ，它们在空间按互差120°的规律对称排列。并接成星形与三相电源U，V，W相联。则三相定子绕组便通过三相对称电流，随着电流在定子绕组中通过，在三相定子绕组中就会产生旋转磁场（图3-2-9）。

$$\begin{cases} i_U = I_m \sin\omega t \\ i_V = I_m \sin(\omega t - 120°) \\ i_W = I_m \sin(\omega t + 120°) \end{cases}$$

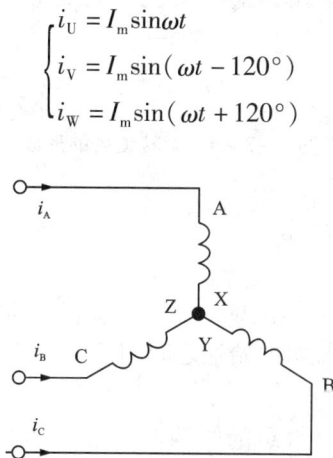

图3-2-8　三相异步电动机定子接线

当 $\omega t = 0°$ 时，$i_A = 0$，AX绕组中无电流；i_B 为负，BY绕组中的电流从Y流入B_1流出；i_C 为正，CZ绕组中的电流从C流入Z流出；由右手螺旋定则可得合成磁场的方向如图3-2-9（a）所示。

当 $\omega t = 120°$ 时，$i_B = 0$，BY绕组中无电流；i_A 为正，AX绕组中的电流从A流入X流出；i_C 为负，CZ绕组中的电流从Z流入C流出；由右手螺旋定则可得合成磁场的方向如图3-2-9（b）所示。

当 $\omega t = 240°$ 时，$i_C = 0$，CZ绕组中无电流；i_A 为负，AX绕组中的电流从X流入A流出；i_B 为正，BY绕组中的电流从B流入Y流出；由右手螺旋定则可得合成磁场的方向如图3-2-9（c）所示。

可见，当定子绕组中的电流变化一个周期时，合成磁场也按电流的相序方向在空间旋转一周。随着定子绕组中的三相电流不断地作周期性变化，产生的合成磁场也不断地旋转，因此称为旋转磁场。

（2）旋转磁场的方向

旋转磁场的方向是由三相绕组中电流相序决定的，若想改变旋转磁场的方向，只要改变通入定子绕组的电流相序，即将三根电源线中的任意两根对调即可。这时，转子的旋转方向也跟着改变。

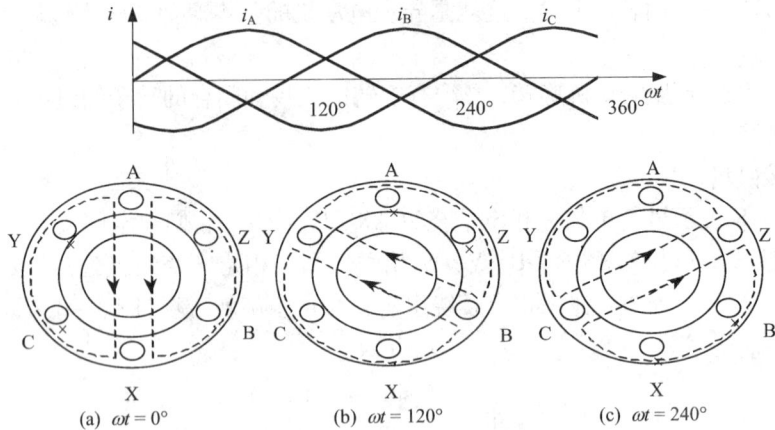

图 3 - 2 - 9　旋转磁场的形成

3. 三相异步电动机的极数与转速

(1) 极数(磁极对数 p)

三相异步电动机的极数就是旋转磁场的极数。旋转磁场的极数和三相绕组的安排有关。

当每相绕组只有一个线圈,绕组的始端之间相差120°空间角时,产生的旋转磁场具有一对极,即 $p = 1$;

当每相绕组为两个线圈串联,绕组的始端之间相差60°空间角时,产生的旋转磁场具有两对极,即 $p = 2$;

同理,如果要产生三对极,即 $p = 3$ 的旋转磁场,则每相绕组必须有均匀安排在空间的串联的三个线圈,绕组的始端之间相差40°($= 120°/p$)空间角。极数 p 与绕组的始端之间的空间角 θ 的关系为:

$$\theta = \frac{120°}{p}$$

(2) 转速 n

三相异步电动机旋转磁场的转速 n_0 与电动机磁极对数 p 有关,它们的关系是:

$$n_0 = \frac{60f_1}{p} \tag{3-1}$$

由式(3-1)可知,旋转磁场的转速 n_0 决定于电流频率 f_1 和磁场的极数 p。对某一异步电动机而言,f_1 和 p 通常是一定的,所以磁场转速 n_0 是个常数。

在我国,工频 $f_1 = 50$ Hz,因此对应于不同极对数 p 的旋转磁场转速 n_0,如表3-1所示。

表 3 - 1　对应于不同极对数 p 的旋转磁

p	1	2	3	4	5	6
n_0	3000	1500	1000	750	600	500

(3) 转差率 s

电动机转子转动方向与磁场旋转的方向相同，但转子的转速 n 不可能达到与旋转磁场的转速 n_0 相等，否则转子与旋转磁场之间就没有相对运动，因而磁力线就不切割转子导体，转子电动势、转子电流以及转矩也就都不存在。也就是说旋转磁场与转子之间存在转速差，因此我们把这种电动机称为异步电动机，又因为这种电动机的转动原理是建立在电磁感应基础上的，故又称为感应电动机。

旋转磁场的转速 n_0 常称为同步转速。

转差率 s——用来表示转子转速 n 与磁场转速 n_0 相差程度的物理量。即：

$$s = \frac{n_0 - n}{n_0} = \frac{\Delta n}{n_0}$$

转差率是异步电动机的一个重要的物理量。

当旋转磁场以同步转速 n_0 开始旋转时，转子则因机械惯性尚未转动，转子的瞬间转速 $n = 0$，这时转差率 $s = 1$。转子转动起来之后，$n > 0$，$(n_0 - n)$ 差值减小，电动机的转差率 $s < 1$。如果转轴上的阻转矩加大，则转子转速 n 降低，即异步程度加大，才能产生足够大的感应电动势和电流，产生足够大的电磁转矩，这时的转差率 s 增大。反之，s 减小。异步电动机运行时，转速与同步转速一般很接近，转差率很小。在额定工作状态下约为 0.015 ~ 0.06之间。综上所述，可以得到电动机的转速常用公式：

$$n = (1 - s)n_0$$

例 有一台三相异步电动机，其额定转速 $n = 975$ r/min，电源频率 $f = 50$ Hz，求电动机的极数和额定负载时的转差率 s。

解 由于电动机的额定转速接近而略小于同步转速，而同步转速对应于不同的极对数有一系列固定的数值。显然，与 975 r/min 最相近的同步转速 $n_0 = 1000$ r/min，与此相应的磁极对数 $p = 3$。因此，额定负载时的转差率为：

$$s = \frac{n_0 - n}{n_0} \times 100\% = \frac{1000 - 975}{1000} \times 100\% = 2.5\%$$

（4）三相异步电动机的定子电路与转子电路

三相异步电动机中的电磁关系同变压器类似，定子绕组相当于变压器的原绕组，转子绕组（一般是短接的）相当于副绕组。给定子绕组接上三相电源电压，则定子中就有三相电流通过，此三相电流产生旋转磁场，其磁力线通过定子和转子铁芯而闭合，这个磁场在转子和定子的每相绕组中都要感应出电动势。

任务三 三相异步电动机的控制线路

3.3.1 直接启动控制电路

直接启动即启动时把电动机直接接入电网，加上额定电压，一般来说，电动机的容量不大于直接供电变压器容量的 20% ~ 30% 时，都可以直接启动。

1.点动控制

合上开关 S，三相电源被引入控制电路，但电动机还不能启动。按下按钮 SB，接触器 KM

线圈通电，衔铁吸合，常开主触点接通，电动机定子接入三相电源启动运转。松开按钮 SB，KM 线圈断电，衔铁松开，常开主触点断开，电动机因断电而停转。

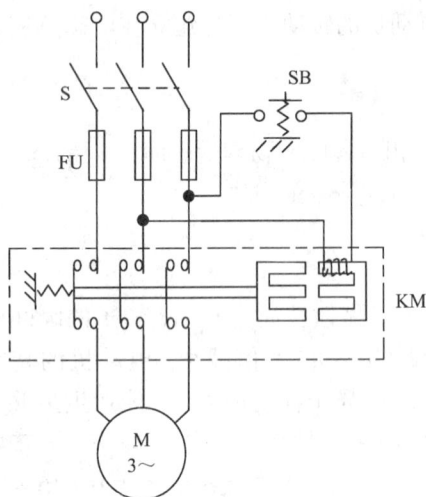

(a)接线示意图

图 3-3-1　点动控制接触器

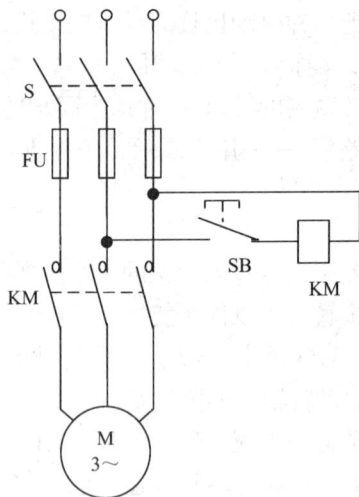

(b)电气原理图

图 3-3-2　点动控制

2. 直接启动控制

（1）启动过程

按下启动按钮 SB₁，接触器 KM 线圈通电，与 SB₁ 并联的 KM 的辅助常开触点闭合，以保证松开按钮 SB₁ 后 KM 线圈持续通电，串联在电动机回路中的 KM 的主触点持续闭合，电动机连续运转，从而实现连续运转控制。

（2）停止过程

按下停止按钮 SB₂，接触器 KM 线圈断电，与 SB₁ 并联的 KM 的辅助常开触点断开，以保证松开按钮 SB₂ 后 KM 线圈持续失电，串联在电动机回路中的 KM 的主触点持续断开，电动机停转。与 SB₁ 并联的 KM 的辅助常开触点的这种作用称为自锁。

图示控制电路还可实现短路保护、过载保护和零压保护。

起短路保护的是串接在主电路中的熔断器 FU。一旦电路发生短路故障，熔体立即熔断，电动机立即停转。

起过载保护的是热继电器 FR。当过载时，热继电器的发热元件发热，将其常闭触点断开，使接触器 KM 线圈断电，串联在电动机回路中的 KM 的主触点断开，电动机停转。同时 KM 辅助触点也断开，解除自锁。故障排除后若要重新启动，需按下 FR 的复位按钮，使 FR 的常闭触点复位(闭合)即可。

起零压(或欠压)保护的是接触器 KM 本身。当电源暂时断电或电压严重下降时，接触器 KM 线圈的电磁吸力不足，衔铁自行释放，使主、辅触点自行复位，切断电源，电动机停转，同时解除自锁。

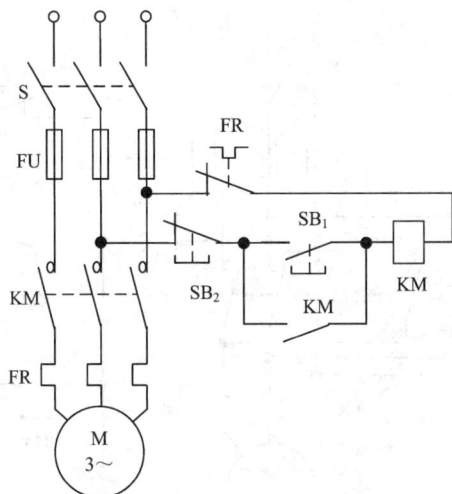

图 3 - 3 - 3   直接启动控制

3.3.2　正反转控制线路

1. 简单的正反转控制

（1）正向起动过程

按下启动按钮 SB_1，接触器 KM_1 线圈通电，与 SB_1 并联的 KM_1 的辅助常开触点闭合，以保证 KM_1 线圈持续通电，串联在电动机回路中的 KM_1 的主触点持续闭合，电动机连续正向运转。

（2）停止过程

按下停止按钮 SB_3，接触器 KM_1 线圈断电，与 SB_1 并联的 KM_1 的辅助触点断开，以保证 KM_1 线圈持续失电，串联在电动机回路中的 KM_1 的主触点持续断开，切断电动机定子电源，电动机停转。

（3）反向起动过程

按下起动按钮 SB_2，接触器 KM_2 线圈通电，与 SB_2 并联的 KM_2 的辅助常开触点闭合，以保证线圈持续通电，串联在电动机回路中的 KM_2 的主触点持续闭合，电动机连续反向运转。

缺点：KM_1 和 KM_2 线圈不能同时通电，因此不能同时按下 SB_1 和 SB_2，也不能在电动机正转时按下反转起动按钮，或在电动机反转时按下正转起动按钮。如果操作错误，将引起主回路电源短路。

2. 带电气互锁的正反转控制电路

将接触器 KM_1 的辅助常闭触点串入 KM_2 的线圈回路中，从而保证在 KM_1 线圈通电时 KM_2 线圈回路总是断开的；将接触器 KM_2 的辅助常闭触点串入 KM_1 的线圈回路中，从而保证在 KM_2 线圈通电时 KM_1 线圈回路总是断开的。这样接触器的辅助常闭触点 KM_1 和 KM_2 保证了两个接触器线圈不能同时通电，这种控制方式称为互锁或者联锁，这两个辅助常开触点称为互锁或者联锁触点。

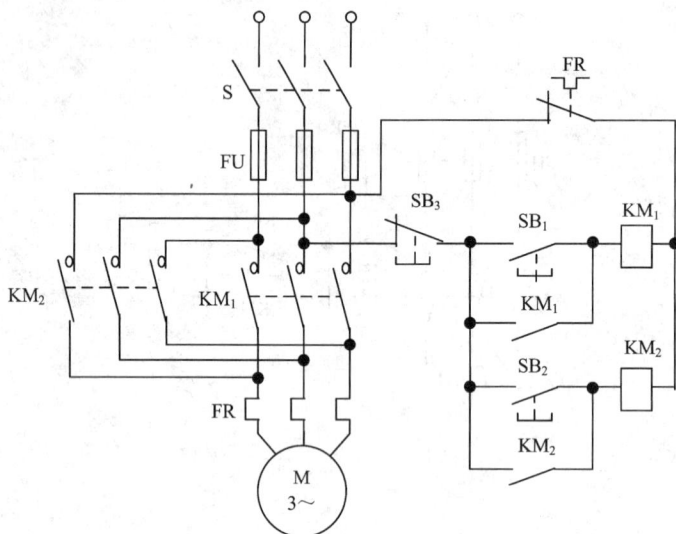

图 3 - 3 - 4　简单的正反转控制

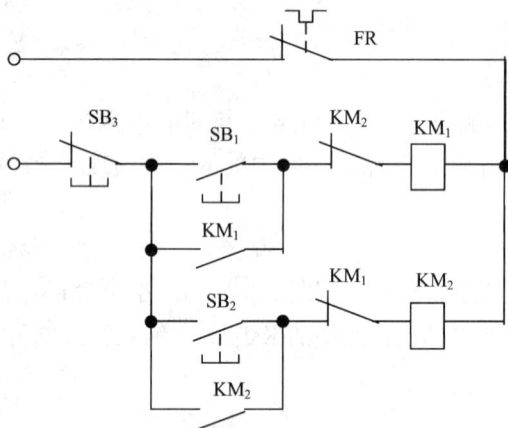

图 3 - 3 - 5　带电气互锁的正反转控制

　　缺点：电路在具体操作时，若电动机处于正转状态要反转时必须先按停止按钮 SB_3，使互锁触点 KM_1 闭合后按下反转起动按钮 SB_2 才能使电动机反转；若电动机处于反转状态要正转时必须先按停止按钮 SB_3，使互锁触点 KM_2 闭合后按下正转起动按钮 SB_1 才能使电动机正转。

　　3. 同时具有电气互锁和机械互锁的正反转控制电路

　　采用复式按钮，将 SB_1 按钮的常闭触点串接在 KM_2 的线圈电路中；将 SB_2 的常闭触点串接在 KM_1 的线圈电路中；这样，无论何时，只要按下反转起动按钮，在 KM_2 线圈通电之前就首先使 KM_1 断电，从而保证 KM_1 和 KM_2 不同时通电；从反转到正转的情况也是一样。这种由机械按钮实现的互锁也叫机械或按钮互锁。

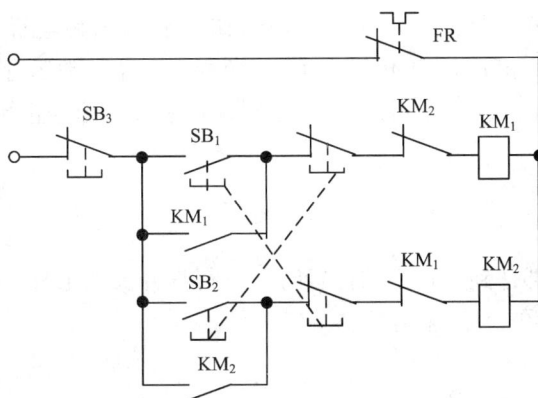

图 3 - 3 - 6 具有电气互锁和机械互锁的正反转控制

3.3.3 Y—△降压启动控制

按下启动按钮 SB_1，时间继电器 KT 和接触器 KM_2 同时通电吸合，KM_2 的常开主触点闭合，把定子绕组联接成星形，其常开辅助触点闭合，接通接触器 KM_1。KM_1 的常开主触点闭合，将定子接入电源，电动机在星形联接下起动。KM_1 的一对常开辅助触点闭合，进行自锁。

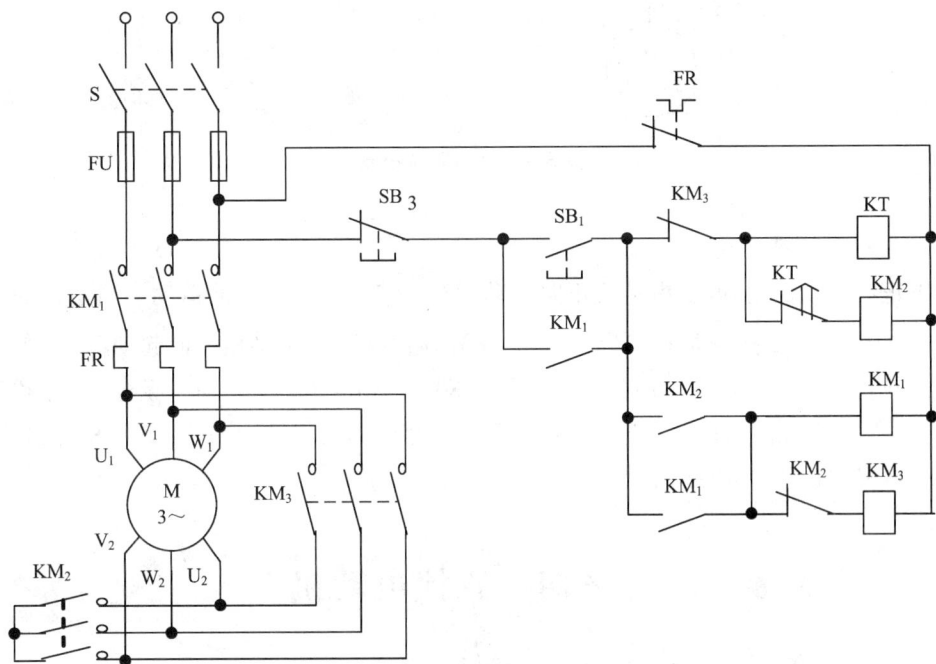

图 3 - 3 - 7 Y—△降压启动控制

经一定延时，KT 的常闭触的常闭触点断开，KM_2 断电复位，接触器 KM_3 通电吸合。KM_3

的常开主触点将定子绕组接成三角形，使电动机在额定电压下正常运行。与按钮 SB_1 串联的 KM_3 的常闭辅助触点的作用是：当电动机正常运行时，该常闭触点断开，切断了 KT、KM_2 的通路，即使误按 SB_1，KT 和 KM_2 也不会通电，以免影响电路正常运行。若要停车，则按下停止按钮 SB_3，接触器 KM_1、KM_2 同时断电释放，电动机脱离电源停止转动。

3.3.4　行程控制

1. 限位控制

当生产机械的运动部件到达预定的位置时压下行程开关的触杆，将常闭触点断开，接触器线圈断电，使电动机断电而停止运行。

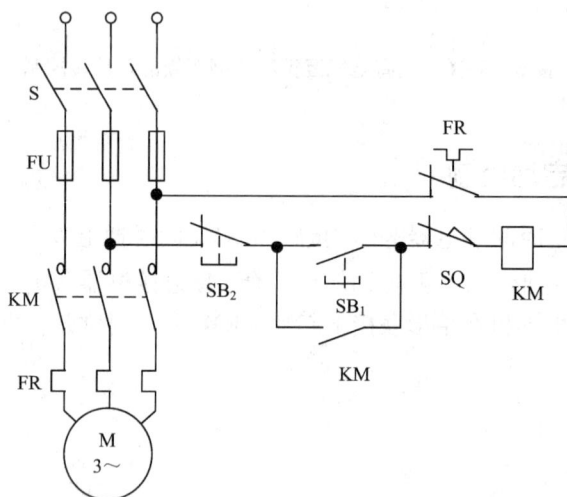

图 3 - 3 - 8　限位控制

2. 行程往返控制

按下正向启动按钮 SB_1，电动机正向启动运行，带动工作台向前运动。当运行到 SQ_2 位置时，挡块压下 SQ_2，接触器 KM_1 断电释放，KM_2 通电吸合，电动机反向起动运行，使工作台后退。工作台退到 SQ_1 位置时，挡块压下 SQ_1，KM_2 断电释放，KM_1 通电吸合，电动机又正向起动运行，工作台又向前进，如此一直循环下去，直到需要停止时按下 SB_3，KM_1 和 KM_2 线圈同时断电释放，电动机脱离电源停止转动。

任务四　直流电动机

直流电动机虽然比三相交流异步电动机结构复杂，维修也不便，但由于它的调速性能较好和启动转矩较大，因此，对调速要求较高的生产机械或者需要较大启动转矩的生产机械往往采用直流电动机驱动。

直流电机的优点：

(a) 往返运动图

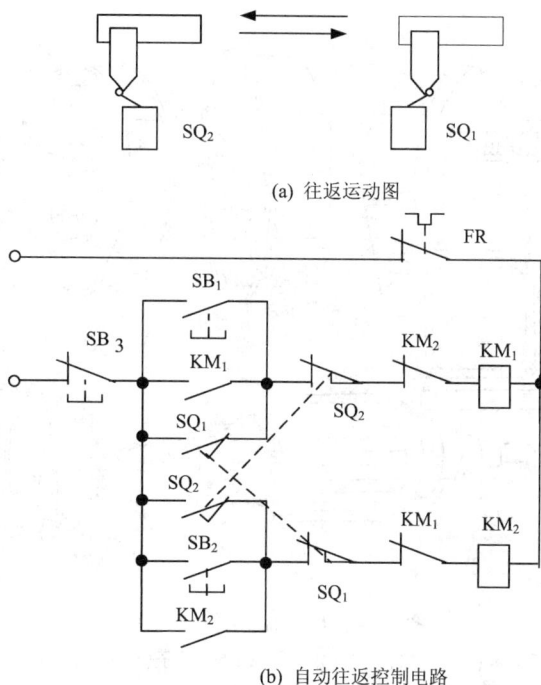

(b) 自动往返控制电路

图 3-3-9 行程往返控制

①调速性能好,调速范围广,易于平滑调节。

②启动、制动转矩大,易于快速启动、停车。

③易于控制。

应用:

轧钢机、电气机车、中大型龙门刨床、矿山竖井提升机以及起重设备等调速范围大的大型设备。

3.4.1 直流电机的基本结构

直流电机由静止的定子和旋转的转子两大部分组成,在定子和转子之间有一定大小的间隙(称气隙),如图 3-4-1 所示。

1.定子

直流电机定子的作用是产生磁场和作为电机的机械支撑。主要由机座、主磁极、换向极和电刷装置等组成。

(1)机座

机座兼起机械支撑和导磁磁路两个作用。它既用来作为安装电机所有零件的外壳,又是联系各磁极的导磁铁轭。机座通常为铸钢件,也有采用钢板焊接而成的。

(2)主磁极

主磁极是一个电磁铁,如图 3-4-2 所示,由主极铁芯和主极线圈两部分组成。主极铁芯一般用 1~1.5 mm 厚的薄钢板冲片叠压后再用铆钉铆紧成一个整体。小型电机的主极线

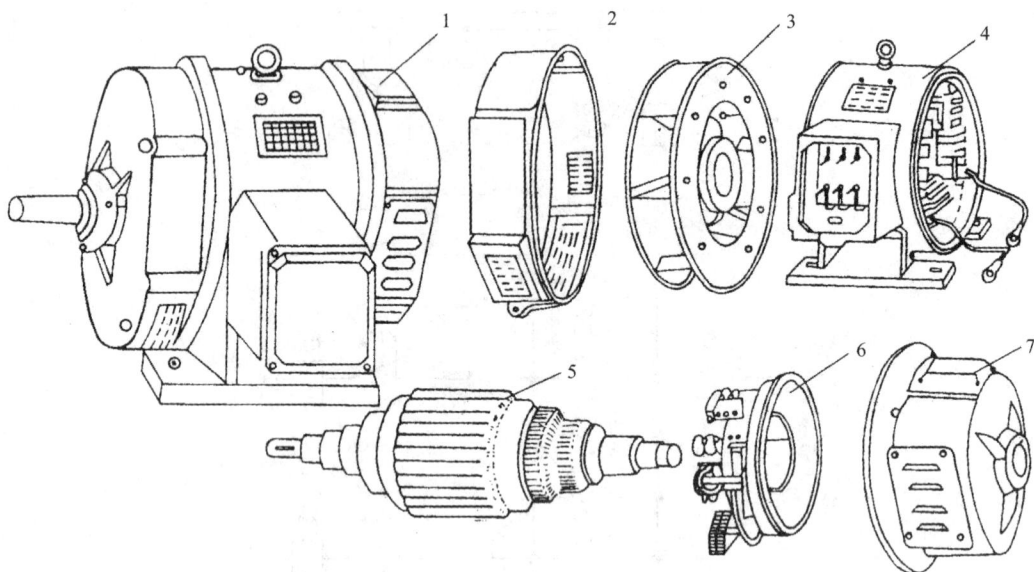

图 3 – 4 – 1　直流电机结构图

1—直流电机总成；2—后端盖；3—通风机；4—定子总成；5—转子(电枢)总成；6—电刷装置；7—前端盖

圈用绝缘铜线(或铝线)绕制而成，大中型电机主极线圈用扁铜线绕制，并进行绝缘处理，然后套在主极铁芯外面。整个主磁极用螺钉固定在机座内壁。

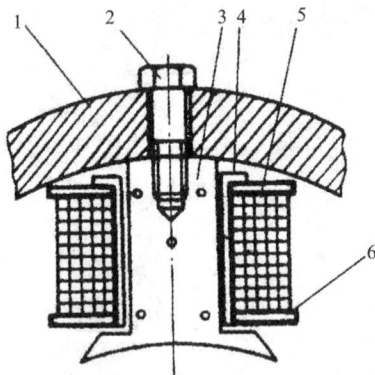

图 3 – 4 – 2　主磁极

1—机座；2—主极螺钉；3—主极铁芯；
4—框架；5—主极绕组；6—绝缘垫衬

（3）换向极

换向极又称为附加极，它装在两个主极之间，用来改善直流电机的换向。换向极由换向极铁芯和换向极线圈构成。换向极铁芯大多用整块钢加工而成。但在整流电源供电的功率较大电机中，为了更好地改善电机换向，换向极铁芯也采用叠片结构。换向极线圈与主极线圈一样也是用圆铜线或扁铜线绕制而成，经绝缘处理后套在换向极铁芯上，最后用螺钉将换向极固定在机座内壁。

（4）电刷装置

电刷装置的作用是通过电刷与换向器表面的滑动接触，把转动的电枢绕组与外电路相连。电刷装置一般由电刷、刷握、刷杆、刷杆座等部分组成，如图3-4-3所示。电刷一般用石墨粉压制而成。电刷放在刷握内，用弹簧压紧在换向器上，刷握固定在刷杆上，刷杆装在刷杆座上，成为一个整体部件。

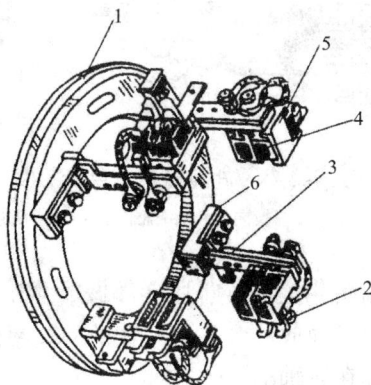

图3-4-3　电刷装置

1—刷杆座；2—弹簧；3—刷杆；

4—电刷；5—刷握；6—绝缘杆

2. 转子

转子又称电枢，主要由转轴、电枢铁芯、电枢绕组和换向器等组成。

（1）转轴

转轴的作用是用来传递转矩，一般用合金钢锻压而成。

（2）电枢铁芯

电枢铁芯是电机磁路的一部分，也是承受电磁力作用的部件。当电枢在磁场中旋转时，在电枢铁芯中将产生涡流和磁滞损耗，为了减小这些损耗的影响，电枢铁芯通常用0.5 mm厚的电工钢片压而成，电枢铁芯固定在转子支架或转轴上。电枢铁芯冲片如图3-4-4所示，沿铁芯外圈均匀地分布有槽，在槽内嵌放电枢绕组。

（3）电枢绕组

电枢绕组的作用是产生感应电势和通过电流产生电磁转矩，实现机电能量转换。它是直流电机的主要电路部分。电枢绕组通常都用圆形或矩形截面的导线绕制而成，再按一定规律嵌放在电枢槽内，上下层之间以及电枢绕组与铁芯之间都要妥善地绝缘。为了防止离心力将绕组甩出槽外，槽口处需用槽楔将绕组压紧，伸出槽外的绕组端接部分用无纬玻璃丝带绑紧。绕组端头则按一定规律嵌放在换向器钢片的升高片槽内，并用锡焊或氩弧焊焊牢。

（4）换向器

换向器的作用是机械整流，即在直流电动机中，它将外加的直流电流逆变成绕组内的交流电流；在直流发电机中，它将绕组内的交流电势整流成电刷两端的直流电势。换向器的结构如图3-4-5所示。换向器由许多换向片组成，换向片间用云母片绝缘。换向片凸起的一

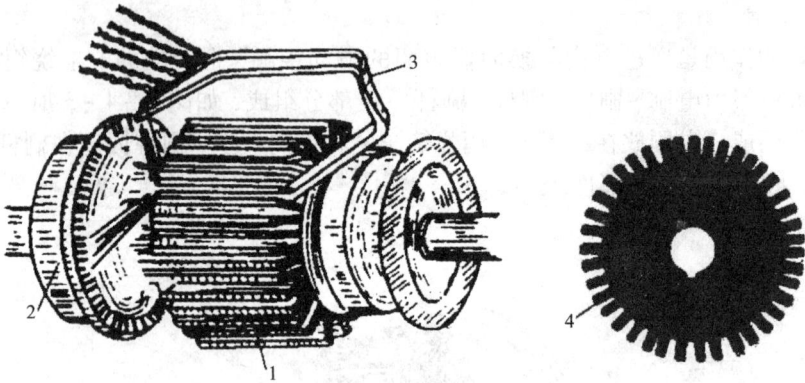

图 3 - 4 - 4   电枢铁芯冲片和铁芯

1—电枢铁芯；2—换向器；3—绕组元件；4—铁芯冲片

端称升高片，用以与电枢绕组端头相连，换向片下部做成燕尾形，利用换向器套筒、V 形压圈及螺旋压圈将换向片、云母片紧固成一个整体。在换向片与换向器套筒、压圈之间用 V 形云母环绝缘，最后将换向器压装在转轴上。

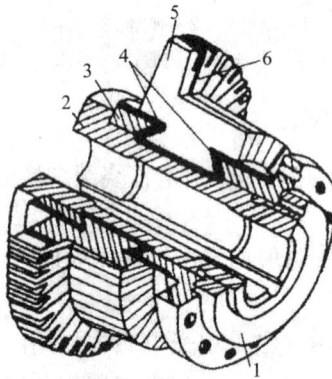

图 3 - 4 - 5   换向器

1—螺旋压圈；2—换向器套筒；3—V 形压圈；
4—V 形云母环；5—换向铜片；6—云母片

3.4.2　直流电动机的工作原理

图 3 - 4 - 6 所示为两极直流电动机工作原理图。直流电动机结构与直流发电机相同，不同的是电刷 A，B 外接一直流电源。图示瞬时电流的流向为 + →A 换向片→1→a→b→c→d→2→换向片 B→ - 。根据电磁力定律，载流导体 ab，cd 都将受到电磁力 f 的作用，其大小为：

$$f = B_x L i \ (\text{N})$$

式中：i 为导体中流过的电流（A）。

导体所受电磁力的方向用左手定则确定，在此瞬时，ab 位于 N 极下，受力方向从右向

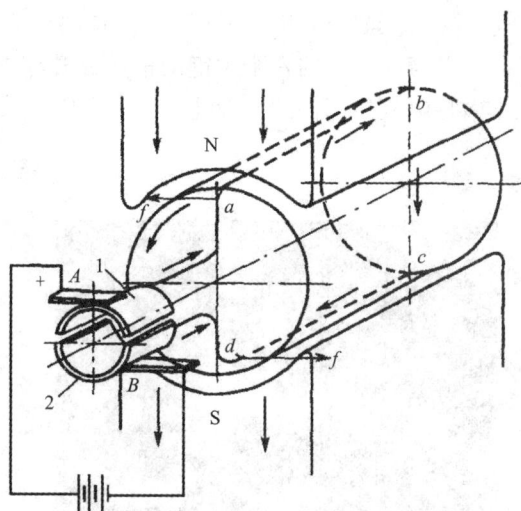

图 3 - 4 - 6　直流电动机工作原理图

左,cd 位于 S 极下,受力方向从左向右,电磁力对转轴便形成一电磁转矩 T。在 T 的作用下,电枢逆时针旋转起来。

当电枢转到 90°,电刷不与换向片接触,而与换向片间的绝缘片相接触,此时线圈中没有电流流过,$i=0$,故电磁转矩 $T=0$。但由于机械惯性的作用,电枢仍能转过一个角度,电刷 A,B 又将分别与换向片 2,1 接触。线圈中又有电流 i 流过,此时,导体 ab,cd 中电流改变了方向,即为 b→a,d→c,且导体 ab 转到 S 极下,ab 所受的电磁力 f 方向从左向右,cd 转到 N 极下,cd 所受的电磁力方向从右向左。因此,线圈仍然受到逆时针方向电磁转矩的作用,电枢始终保持同一方向旋转。

在直流电动机中,电刷两端虽然加的是直流电源,但在电刷和换向器的作用下,线圈内部却变成了交流电,从而产生了单方向的电磁转矩,驱动电机持续旋转。同时,旋转的线圈中也将感应产生电势 e,其方向与线圈中电流方向相反,故称为反电动势。直流电动机若要维持继续旋转,外加电压就必须高于反电势,才能不断地克服反电势而流入电流,正是这种不断克服,实现了将电能转换成为机械能。

由此可见,直流电机具有可逆性,即一台直流电机既可作发电机运行,也可作电动机运行。当输入机械转矩将机械能转换成电能时,电机作发电机运行;当输入直流电流产生电磁转矩,将电能转换成机械能时,电机作电动机运行。例如电力机车在牵引工况时,牵引电机作电动机运行,产生牵引力;在制动工况时,牵引电机作发电机运行,将机车和列车的动能转换成电能,产生制动力对机车进行电气制动。

3.4.3　汽车电气中几种典型

1.汽车用直流电动机

汽车中的微特电机 80% 属于永磁直流电动机,如暖风、雨刮、电动摇扇、门锁、电动座椅、电动天线、空调散热和液压动力装置等。直流电动机结构很复杂,可以分为定子和转子两大部件。其中定子由主磁极、机座、换向器、端盖和电刷装置组成。而转子是机械能和电能转化装置，主要包括了电枢铁芯、点数绕组、换向器等。有刷直流电动机采用的是机械换向，因此控制器相对较简单。提高其质量的一个关键因素是提升零件和材料的品质，解决这个问题的措施便是实现汽车微特电机零部件的专业化生产。既降低成本，也要实现其规模化生产。

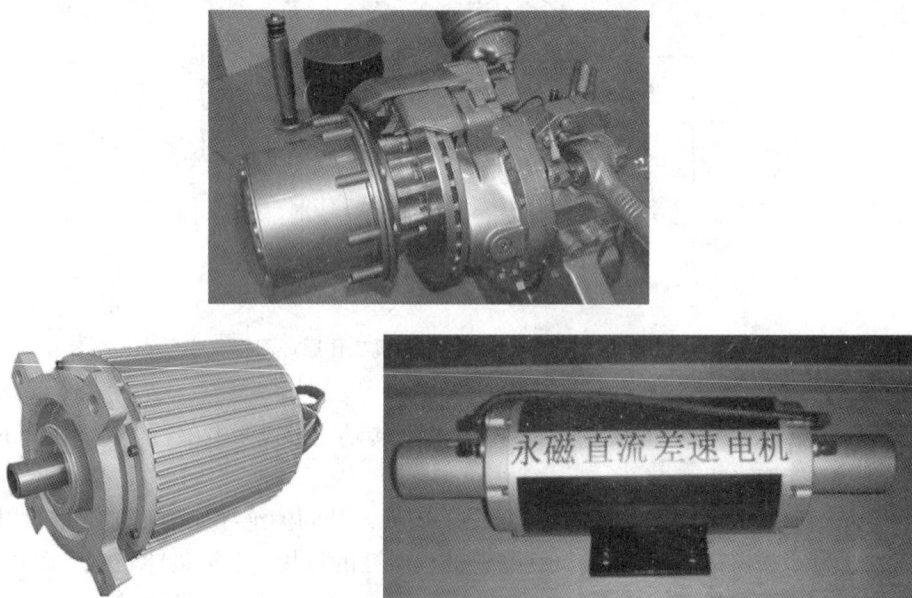

图 3 - 4 - 7　常见汽车直流电动机

汽车用直流电机已经有很多中小企业涉足。随着汽车技术的发展进步，产品数量与种类也都会增加。

2. 汽车用无刷直流电动机

无刷直流电动机的结构简单，与有刷直流电动机控制特性相似，但是其结构不同。无刷直流电动机的定子是由电枢绕组、位置传感器和机壳构成，而转子主要由永久磁钢组成。这是一种先进的电子驱动电机，较一般的有刷直流电动机有着无可比拟的优越性能。随着汽车高效节能、环保、长时间工作的可靠性以及舒适化、个性化的要求不断升高，用永磁无刷直流电动机代替永磁直流电动机是一个发展方向。

也正是凭借着无刷直流电动机特有的不可代替的技术优势，汽车微特电机产品向智能化、小型化、长寿命、高可靠性、节能性、电磁兼容性等方向发展，在飞速发展的电力电子技术、新材料技术、微电子技术支持下越来越受到人们的关注重视。

3. 汽车用步进电机

步进电机是将电脉冲信号转变为角位移或线位移的开环控制元步进电机件。在非超载的情况下，电机的转速、停止的位置只取决于脉冲信号的频率和脉冲数，而不受负载变化的影响，当步进驱动器接收到一个脉冲信号，它就驱动步进电机按设定的方向转动一个固定的角度，称为"步距角"，它的旋转是以固定的角度一步一步运行的。可以通过控制脉冲个数来控

图 3 - 4 - 8　常见汽车无刷直流电动机

制角位移量，从而达到准确定位的目的；同时可以通过控制脉冲频率来控制电机转动的速度和加速度，从而达到调速的目的。

　　汽车中应用的步进电机有永磁式步进电机和混合式应用电机两种，它们应用的场合如下：①发动机节油阀门；②车轮转向控制；③电动里程表；④电动转速表；⑤座椅缓冲器；⑥雾灯；⑦空调器风门。

　　随着汽车技术的不断发展，微特电机驱动也逐步取代了传统的机构系统。如今的汽车每台至少需要微特电机 5 台，一般轿车最少也是有 15 台微特电机，而高级或是豪华轿车使用多达 40 ~ 80 台。

　　目前在汽车上应用的电机产品主要如下：

　　①发动机冷却风扇电机；

　　②启动电动机；

　　③刮水器用电动机；

　　④空调器电动机；

　　⑤座椅自动调节用电动机；

　　⑥清洗泵电机；

　　⑦中央闭锁装置用电动机；

　　⑧转向系统用步进电机；

　　⑨轴向连动雾灯用电机；

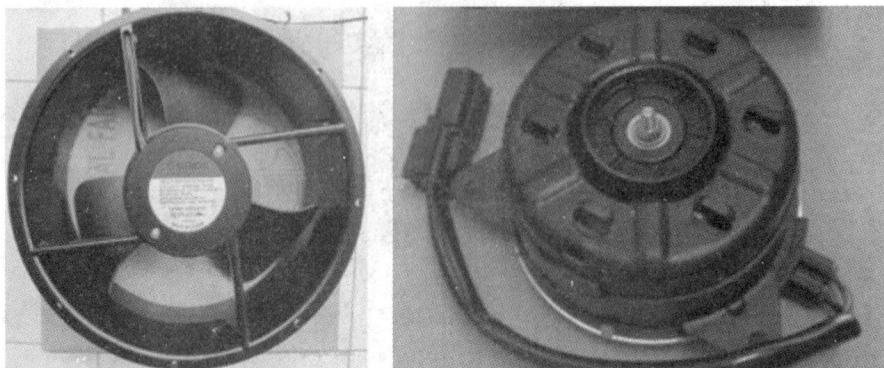

图 3 - 4 - 9   常见汽车发动机冷却风扇电机

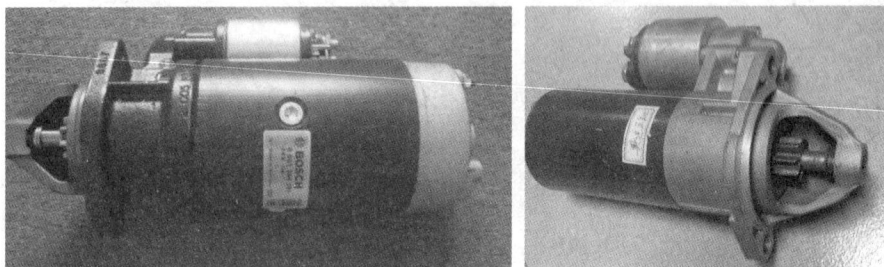

图 3 - 4 - 10   常见汽车启动电动机

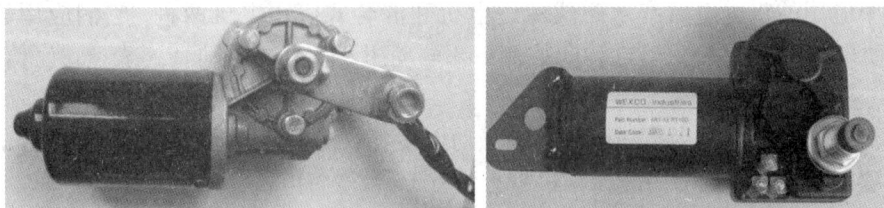

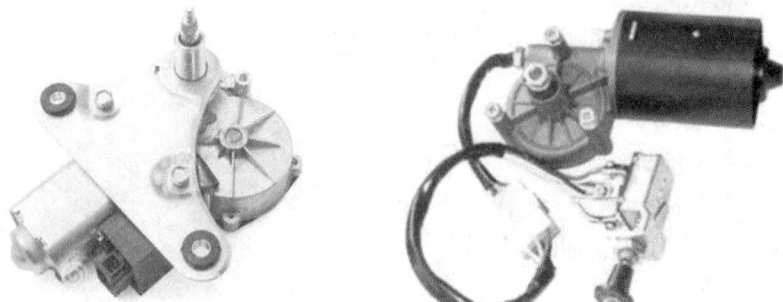

图 3 - 4 - 11   常见汽车刮水器用电动机

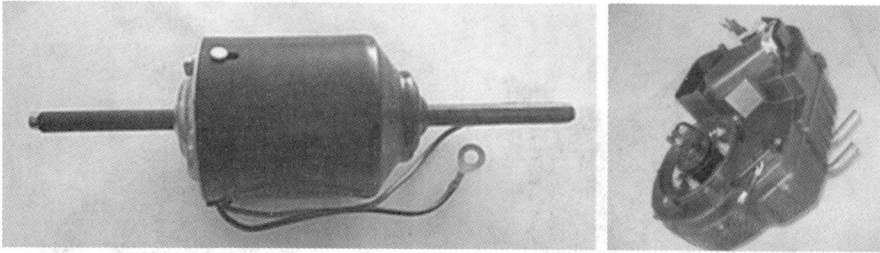

图 3 - 4 - 12　常见汽车空调器电动机

图 3 - 4 - 13　常见汽车座椅电动机

图 3 - 4 - 14　常见汽车清洗泵电机

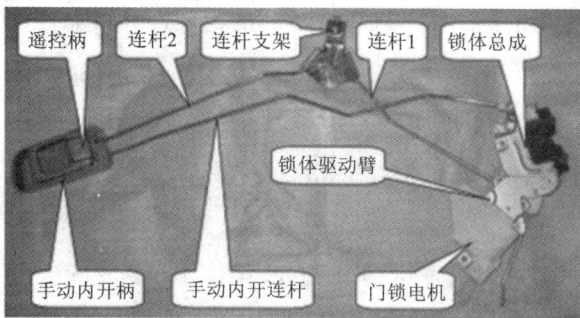

图 3 - 4 - 15　常见汽车中央闭锁装置用电动机

图 3 - 4 - 16　常见汽车转向系统用步进电机

⑩鼓风机电动进风箱用电机；

图 3 - 4 - 17　常见汽车鼓风机电动进风箱用电机

⑪电动后视镜用电机；

⑫电动安全带用电机。

此外，汽车上还有玻璃升降电动机、天线电动机、电动后窗隐蔽器电动机、自动车灯电动机、油泵电动机、风窗影像显示系统电动机，调压式刮水器臂用电动机、自动天窗用电机等高性能电机，由此可以提高乘坐汽车的舒适性，汽车行车时的稳定性和可靠性，从而提高了汽车的整体性能。

任务五　变压器

变压器变压原理首先由法拉第发现，但是直到 19 世纪 80 年代才开始实际应用。在发电场应该输出直流电还是交流电的竞争中，交流电能成为优势是因为使用了变压器。变压器可以将电能转换成高电压低电流形式，然后再转换回去，因此大大减小了电能在输送过程中的损失，使得电能的经济输送距离达到更远。如此一来，发电厂就可以建在远离用电的地方。

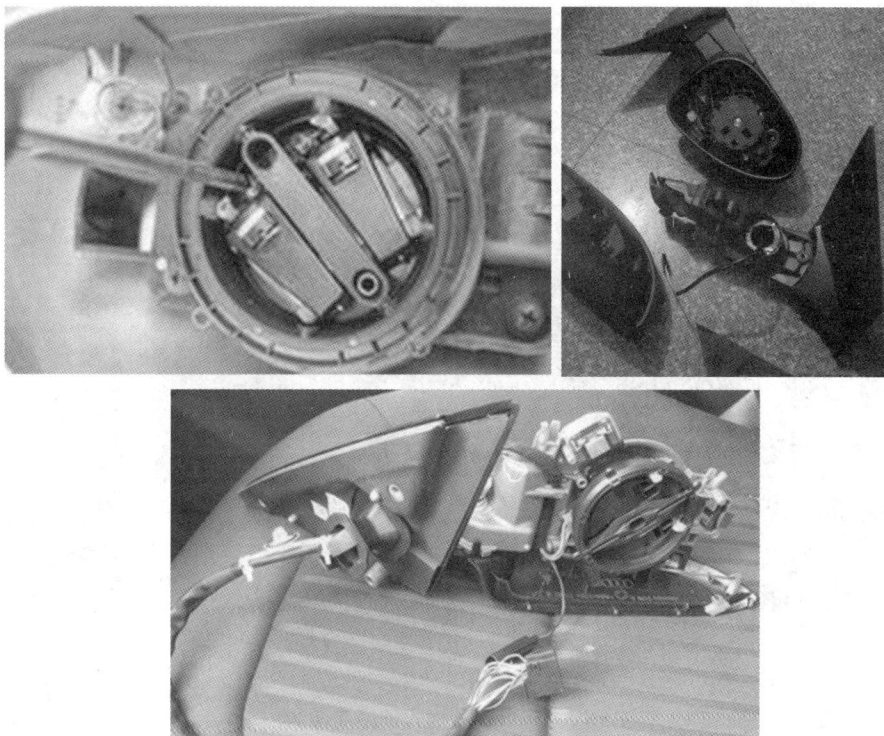

图 3 - 4 - 18　常见汽车电动后视镜用电机

世界大多数电力都是经过一系列的变压才最终到达用户那里。

3.5.1　变压器分类

1.按用途分类

电源变压器、音频变压器、脉冲变压器、开关电源变压器、驱动变压器、特种变压器、电感器(共模电感、差模电感、干扰抑制滤波器、PFC电感、输出扼流圈)、磁放大器。

电源变压器：用于提供电子设备所需电源的变压器，如灯丝变压器、阳极变压器、整流变压器、隔离变压器等等。

音频变压器：用于音频放大电路和音响设备中的变压器，如话筒变压器、输入变压器、间或线间变压器、输出变压器、匹配变压器等等。

脉冲变压器：工作在脉冲电路中的变压器，如出发变压器、间歇震荡变压器、回扫变压器、倒相变压器、脉冲输出变压器等等，其波形一般为单极性矩形脉冲波。

开关电源变压器：用于开关电源电路中的变压器，如单端正激式变压器、单端反激式变压器、桥式变压器、推挽变压器等等。

特种变压器：具有某一特种功能的变压器，如参量变压器、稳压变压器、超隔离变压器、传输线变压器、漏磁变压器等等。

2.按外形及安装方式分类

插针式低频变压器、引线式低频变压器、直插式高频变压器、贴片高频变压器、环形变压器平板面变压器、直插式电感、贴片电感、压电陶瓷变压器。

　3. 按照其铁芯结构分类

　可以分为：EE 型、ER 型、EI 型、EPC 型、ETD 型、ETD 型、LP 型、UI 型、PQ 型、RM
型、POT 型、UU 型、ET 型、UT 型等。

3.5.2　常见变压器

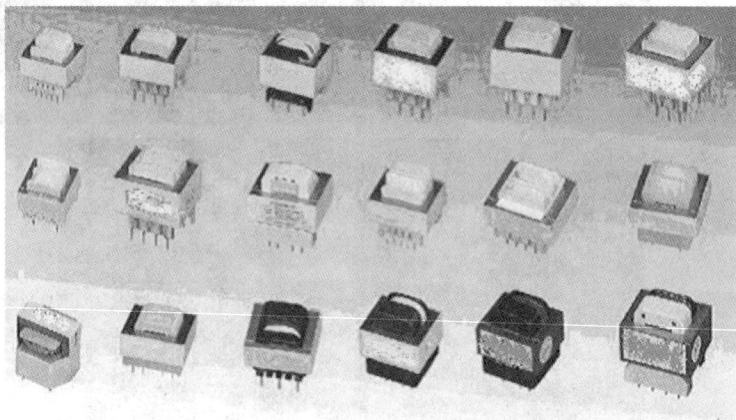

图 3 - 5 - 1　直插式低频变压器

图 3 - 5 - 2　引线式直插式低频变压器

图 3 - 5 - 3　直插式高频变压器

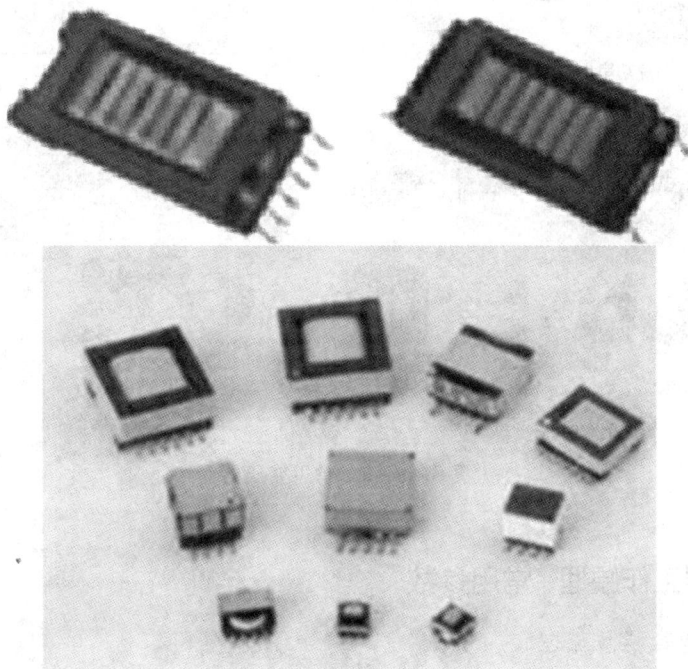

图 3 - 5 - 4　贴片直插式高频变

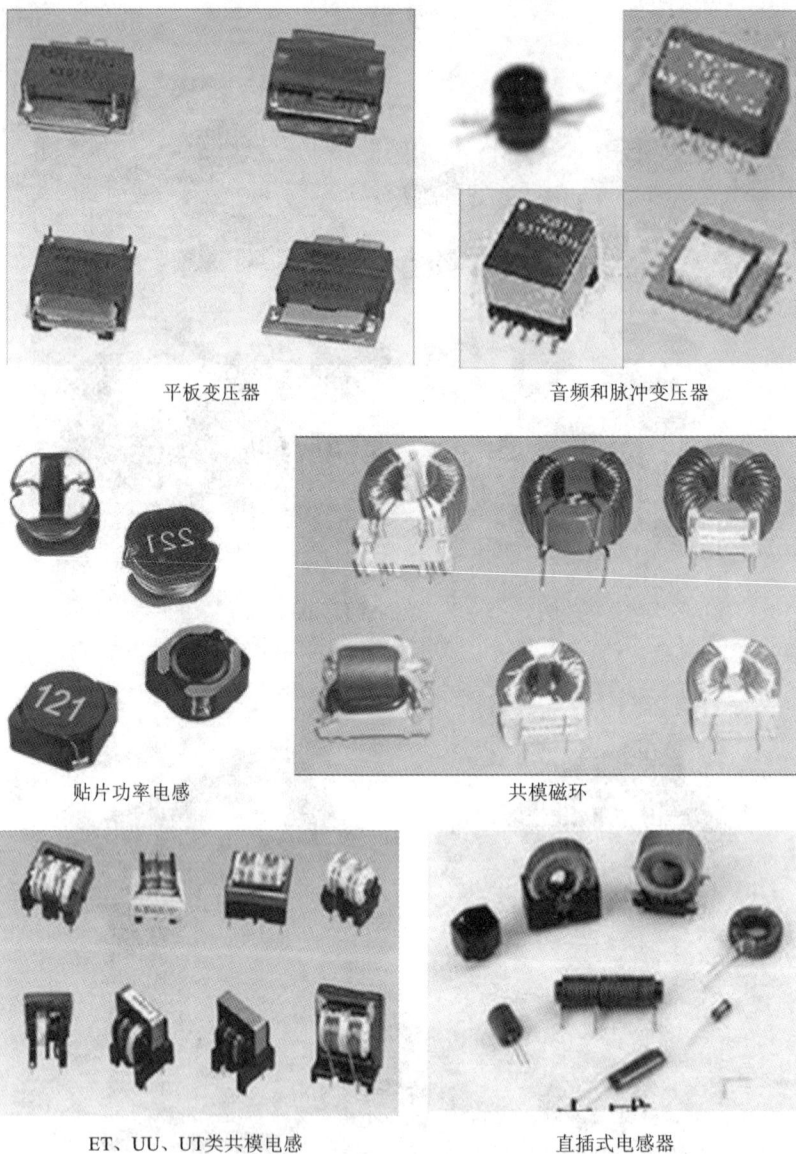

平板变压器　　　　　　　　　音频和脉冲变压器

贴片功率电感　　　　　　　　　共模磁环

ET、UU、UT类共模电感　　　　　直插式电感器

图 3 - 5 - 5　常见变压器

3.5.3　变压器工作原理、常用参数

1. 变压器的电磁感应原理

两组绕有导线之线圈，并以导磁体将线圈以磁链方式耦合一起当一交流电流（具有某一已知频率）流于其中之一组线圈时，于另一组线圈中将感应出具有相同频率之交流电压，其感应的电压大小取决于两线圈耦合及磁交链之程度。

电磁感应原理：线圈运动切割磁力线或交变的磁力线切割线均能在线圈中产生感应电势。

2. 变压器表示符号

在电路中, 变压器表示符号为:

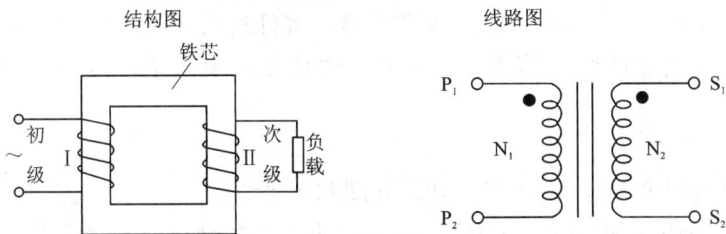

图 3 – 5 – 6 变压器结构图与符号

3. 变压器主要组成部分及功能描述

初级: 指连接输入交流电源的线圈称之为一次线圈, 常称为原边线圈。

次级: 与负载相连承载输出电压之线圈称之为二次线圈, 常称为副边线圈。

导磁体: 导磁材料制作, 为线圈产生的磁场提供磁通路。大部分的变压器均由固定的铁芯, 其上绕有一次与二次的线圈构成。基于铁材的高导磁性, 大部分磁通量局限在铁芯里。

因此, 两组线圈借此可以获得相当高程度之磁耦合。

4. 变压器变压原理

在一些变压器中, 线圈与铁芯二者间紧密地结合, 其一次与二次电压的比值与二者之线圈匝数比成正比。因此, 变压器之匝数比决定其工作状态, 即升压或降压。

$$\frac{V_p}{V_s} = \frac{N_p}{N_s} = n$$

$n > 1$, 降压变压器; $n < 1$, 升压变压器。

电压比或圈数比或匝比(n), 变压器两组线圈圈数分别用 N_1 和 N_2 表示, N_1 为初级(P), N_2 为次级(S), 在初级线圈上加一交流电压, 在次级线圈两端就会产生感应电动势。当 $N_2 > N_1$ 时, 其感应电动势高于初级所加的电压, 这种变压器称为升压变压器; 当 $N_2 < N_1$ 时, 其感应电动势低于初级所加的电压, 这种变压器称为降压变压器; 当 $N_2 = N_1$ 时, 其感应电动势等于初级所加的电压, 这种变压器称为隔离变压器。

初级、次级电压和线圈圈数间具有下列关系:

$$\frac{U_2}{U_1} = \frac{N_2}{N_1} = n$$

变压器的效率(η): 在额定功率下, 变压器的输出功率和输入功率的比值, 叫作变压器的效率, 即:

$$\eta = \frac{P_2}{P_1} \times 100\%$$

式中: η 为变压器的效率; P_1 为输入功率, P_2 为输出功率。当变压器的输出功率 P_2 等于输入功率 P_1 时, 效率 η 等于 100%, 此时变压器不产生任何损耗。但实际上这种为变压器理想状态。

3.5.4　汽车上的传统点火线圈

随着汽车汽油发动机向高转速、高压缩比、大功率、低油耗和低排放的方向发展，传统的点火装置已经不适应使用要求。点火装置的核心部件是点火线圈和开关装置，提高点火线圈的能量，火花塞就能产生足够能量的火花，这是点火装置适应现代发动机运行的基本条件。

1. 结构

通常的点火线圈里面有两组线圈，初级线圈和次级线圈。初级线圈用较粗的漆包线，通常用 0.5 ~ 1 mm 的漆包线绕 200 ~ 500 匝；次级线圈用较细的漆包线，通常用 0.1 mm 左右的漆包线绕 15000 ~ 25000 匝。初级线圈一端与车上低压电源(+)联接，另一端与开关装置(断电器)联接。次级线圈一端与初级线圈联接，另一端与高压线输出端联接输出高压电。

2. 工作原理

点火线圈之所以能将车上低压电变成高电压，是由于有与普通变压器相同的形式，初级线圈与次级线圈的匝数比大。但点火线圈工作方式却与普通变压器不一样，普通变压器是

图 3 - 5 - 7　点火线圈

连续工作的，而点火线圈则是断续工作的，它根据发动机不同的转速以不同的频率反复进行储能及放能。

当初级线圈接通电源时，随着电流的增长四周产生一个很强的磁场，铁芯储存了磁场能；当开关装置使初级线圈电路断开时，初级线圈的磁场迅速衰减，次级线圈就会感应出很高的电压。初级线圈的磁场消失速度越快，电流断开瞬间的电流越大，两个线圈的匝比越大，则次级线圈感应出来的电压越高。

3. 分类

点火线圈依照磁路分为开磁式及闭磁式两种。

(1)开磁路式点火线圈

开磁路式点火线圈一般为罐状结构。它以数片硅钢片叠合而成棒状铁芯，次级线圈和初级线圈分别绕在铁芯的外侧。次级线圈为线径 0.05 ~ 1 mm 漆包线，匝数 2 万 ~ 3 万圈。初级线圈的线径为 0.5 ~ 1.0 mm，较次级线圈粗，且匝数仅 150 ~ 300 圈而已。初级线圈绕在次级线圈的外侧，故次级线圈所产生的磁通变化与初级线圈完全相同。初级线圈和次级线圈的绕线方向相同，次极线圈的始端联接高压输出接头，其末端则联接于初级线圈的始端，并联接于外壳的" + "接柱，初级线圈的末端联接于外壳的" - "接柱，并接于点火器内功率晶体管的集电极上，由点火器控制其初级线圈电流的通断。

(2)闭磁路式点火线圈

闭磁路点火线圈的铁芯是封闭的，磁通全部经过铁芯内部，铁芯的导磁能力约为空气的一万倍，故开磁路点火线圈欲获得与闭磁路点火线圈相同的磁通，则其初级线圈非有较大的磁动势(安培匝数)不可。因此，必须采用匝数较多，线径较大的初级线圈；初级线圈的匝数多，如欲获得同样匝数比，则次级线圈的匝数也需增加，因此，开磁路点火线圈的小型化是

办不到的。反之，闭磁路点火线圈，由于磁阻小，可有效降低线圈的磁动势，将点火线圈小型化。目前，闭磁路点火线圈已相当小型化，可与点火器合二为一，甚至可与火花塞连体化。经火花塞点燃气缸内的可燃性压缩气体。传统的点火线圈是用开磁式，其铁芯用 0.3 mm 左右的硅钢片叠成，铁芯上绕有次级与初级线圈。闭磁式则采用形似Ⅲ的铁芯绕初级线圈，外面再绕次级线圈，磁力线由铁芯构成闭合磁路。闭磁式点火线圈的优点是漏磁少，能量损失小，体积小，因此电子点火系统普遍采用闭磁式点火线圈。

4. 电控点火系统

在现代汽车的高速汽油发动机上，已经采用由微处理机控制的点火系统，也称数字式电控点火系统。这种点火系统由微电脑(计算机)、各种传感器和点火执行器三部分组成。

实际上在现代发动机中，汽油喷射与点火这两个子系统都受同一个 ECU 控制，合用一组传感器。传感器基本上与电控汽油喷射系统中的传感器相同，例如有曲轴位置传感器、凸轮轴位置传感器、节气门位置传感器、进气歧管压力传感器、爆燃传感器等。其中爆燃传感器是电控点火专用的一个很重要的传感器(尤其是采用了废气涡轮增压装置的发动机)，它能够监测发动机是否爆燃及爆燃的程度，作为反馈信号使 ECU 指令实现点火提前，使发动机不会爆燃又能获得较高的燃烧效率。

数字式电控点火系统(ESA)按照结构分为分电器式与无分电器式(DLI)两种类型。分电器式电控点火系统只用一个点火线圈产生高压电，然后由分电器按照点火顺序依次在各缸火花塞点火。由于点火线圈初级线圈的通断工作由电子点火电路承担，因此分电器已取消断电器装置，仅起到高压电分配职能。

1) 双缸点火方式

指两个气缸合用一个点火线圈，因此这种点火方式只能用于气缸数目为偶数的发动机上。如果在 4 缸机上，当两个缸活塞同时接近上止点时(一个是压缩另一个是排气)，两个火花塞共同一个点火线圈且同时点火，这时候一个是有效点火另一个则是无效点火，前者处于高压低温的混合气之中，后者处于低压高温的废气中，因此两者的火花塞电极间的电阻完全不一样，产生的能量也不一样，导致有效点火的能量大得多，约占总能量的80%。

2) 单独点火方式

是每一个气缸分配一个点火线圈，点火线圈直接安装在火花塞上的顶上，这样还取消了高压线。这种点火方式通过凸轮轴传感器或通过监测气缸压缩来实现精确点火，它适用于任何缸数的发动机，特别适合每缸 4 气门的发动机使用。因为火花塞点火线圈组合可安装在双顶置凸轮轴(DOHC)的中间，充分利用了间隙空间。由于取消分电器和高压线，能量传导损失及漏电损失极小，没有机械磨损，而且各缸的点火线圈和火花塞装配在一起，外用金属包裹，大幅减少了电磁干扰，可以保障发动机电控系统的正常工作。

项目四　半导体与集成电路简介

【学习目标】

✿ 了解半导体的概念　　　　　　✿ 学会集成电路的含义
✿ 了解半导体的分类　　　　　　✿ 学会集成电路的作用
✿ 掌握半导体的特性　　　　　　✿ 了解集成电路的发展趋势
✿ 了解 PN 结的形成过程　　　　✿ 了解集成电路地位
✿ 学会 PN 结的单向导电性

半导体与集成电路简介主要从半导体材料开始介绍半导体的特性、PN 结的形成及特性，进一步介绍集成技术以及集成电路的基本概况。

任务一　半导体简介

4.1.1　半导体的发展历史

半导体的发现实际上可以追溯到很久以前。

1833 年，英国科学家电子学之父法拉第最先发现硫化银的电阻随着温度的变化情况不同于一般金属，一般情况下，金属的电阻随温度升高而增加，但巴拉迪发现硫化银材料的电阻是随着温度的上升而降低，这是半导体现象的首次发现。

1839 年法国的贝克莱尔发现半导体和电解质接触形成的结，在光照下会产生一个电压，这就是后来人们熟知的光生伏特效应，这是被发现的半导体的第二个特征。

1873 年，英国的史密斯发现硒晶体材料在光照下电导增加的光电导效应，这是半导体又一个特有的性质。半导体的这四个效应（霍尔效应的余绩——四个伴生效应的发现）虽在 1880 年以前就先后被发现了，但半导体这个名词大概到 1911 年才被考尼白格和维斯首次使用。而总结出半导体的这四个特性一直到 1947 年 12 月才由贝尔实验室完成。

1874 年，德国的布劳恩观察到某些硫化物的电导与所加电场的方向有关，即它的导电有方向性，在它两端加一个正向电压，它是导通的；如果把电压极性反过来，它就不导电，这就是半导体的整流效应，也是半导体所特有的第三种特性。同年，舒斯特又发现了铜与氧化铜的整流效应。

很多人会疑问，为什么半导体被认可需要这么多年呢？主要原因是当时的材料不纯。没有好的材料,很多与材料相关的问题就难以说清楚。

4.1.2　半导体基本概念

1. 物质按电的性能分类

简单地说,导电性好的称为导体,导电性差的称为绝缘体,绝缘体和导体不是绝对的,二者之间没有不可逾越的鸿沟。二者的区分主要是内部能自由移动的电荷的数量,然而也跟外部条件(如电压、温度等)有关。在常温下绝缘的物体,当温度升高到相当的程度,由于可自由移动的电荷数量的增加,会转化成导体。

把介于导体和绝缘体之间的材料称为半导体。与导体和绝缘体相比,半导体材料的发现是最晚的,直到 20 世纪 30 年代,当材料的提纯技术改进以后,半导体的存在才真正被学术界认可。

所以,物质按导电性能可以分为三类:

导体:善于传导电流(容易导电)的物质,如金属、电解液、电离气体等。

绝缘体:不善于传导电流(几乎不导电)的物质,如橡胶、玻璃、塑料、陶瓷、天然矿物油、空气等。

半导体:常温下导电性能介于导体和绝缘体之间的物质,如硅、锗、砷化镓和一些硫化物、氧化物等。

2. 半导体的特性

光敏特性:半导体对光照很敏感,光照射时,其电阻值会显著减小。利用这一特性制成了光敏电阻、光电二极管、光电三极管及太阳能电池等。

热敏特性:半导体对温度很敏感,其电阻率随着温度的升高而显著减小。利用这一特性制成了各种自动控制装置中常用的热敏电阻传感器和能迅速测量物体温度变化的半导体点温计等。

掺杂特性:半导体对杂质很敏感,在纯净的半导体中掺入微量杂质,可以显著改变它的导电能力。利用这一特性制成了不同性能、不同用途的半导体器件,如二极管、三极管等。

3. 半导体分类

$$半导体\begin{cases}本征半导体 \\ 杂质半导体\begin{cases}\text{P 型半导体(掺入的三价元素如 B、Al、In 等)} \\ \text{N 型半导体(掺入的五价元素如 P、Se 等)}\end{cases}\end{cases}$$

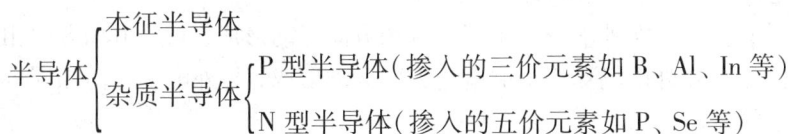

4.1.3　半导体结构

一般半导体都是晶体结构,所以半导体管又叫作晶体管。最常见的半导体材料为硅和锗,它们的结构如图 4-1-1 所示。

在硅和锗晶体中,原子按四角形系统组成晶体点阵,每个原子都处在正四面体的中心,而四个其他原子位于四面体的顶点,每个原子与其相邻的原子之间形成共价键,共用一对价电子。

形成共价键后,每个原子的最外层电子是 8 个,构成稳定结构。

1. 本征半导体

完全纯净、结构完整的半导体晶体,在物理结构上呈单晶体形态。

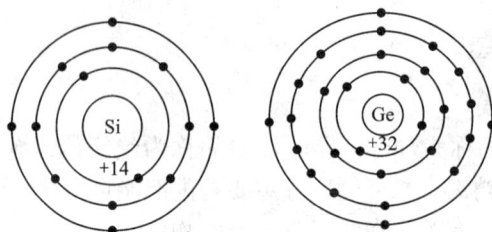

图4-1-1　半导体硅、锗平面结构图

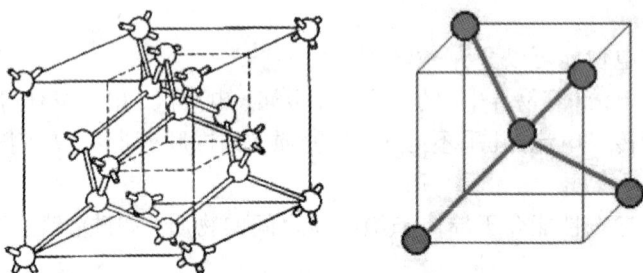

图4-1-2　半导体晶体结构图

(1)本征半导体中的两种载流子

自由电子:带负电荷。

空穴:原子失去电子而产生的,带正电荷。

由于它们都是携带电荷的粒子,因此称自由电子为电子载流子,称空穴为空穴载流子;空穴和电子成对出现。

(2)本征半导体两种导电方式(载流子)

在外电场的作用下,产生的电流。

电子电流:自由电子在外电场作用下逆电场方向运动形成,与外电场方向相反。

空穴电流:空穴在外电场作用下顺电场方向运动形成,与外电场方向相同。

(3)载流子的运动

扩散运动:物质总是从浓度高的地方向浓度低的地方运动,这种由于浓度差而产生的运动称为扩散运动。

漂移运动:在电场力作用下,载流子的运动称漂移运动。

(4)本征半导体热激发

本征激发:价电子获得足够能量而挣脱共价键的束缚,成为自由电子,这种激发称本征激发(常温下)。

电子空穴对:由热激发而产生的自由电子和空穴对。

空穴的移动:空穴的运动是靠相邻共价键中的价电子依次充填空穴来实现的。

复合:因为热运动中自由电子和空穴两者如果相遇,则空穴会被自由电子填补掉,两种载流子就会一起消失,这个过程称为复合。

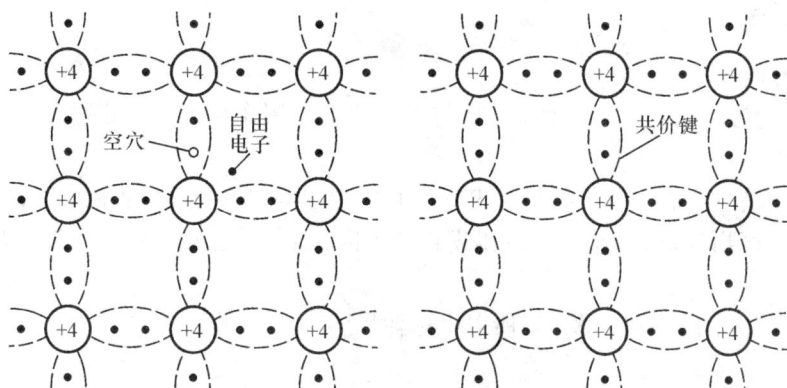

图 4 - 1 - 3　本征半导体结构示意图

2. 杂质半导体

（1）N 型（电子型）半导体

在本征半导体中掺入五价元素如 P，由于五价元素很容易贡献电子，因此将其称为施主杂质。施主杂质因提供自由电子而带正电荷成为正离子。

掺入磷杂质的硅（或锗）半导体中就具有相当数量的自由电子载流子，这种半导体主要靠自由电子导电，所以被称为电子型半导体，简称为 N 型半导体。在 N 型半导体中，不但有数量很多的自由电子而且还有少量的空穴存在，自由电子是多数载流子，空穴是少数载流子。

（2）P 型（空穴型）半导体

在本征半导体中掺入的三价元素如 B，因留下的空位很容易俘获电子，使杂质原子成为负离子。三价杂质因而也称为受主杂质。

掺入硼杂质的硅（或锗）半导体中就具有相当数量的空穴载流子，这种半导体主要靠空穴导电，所以又称为空穴型半导体，简称为 P 型半导体。在 P 型半导体中，不但有数量很多的空穴而且还有少量的自由电子存在，空穴是多数载流子，自由电子是少数载流子。

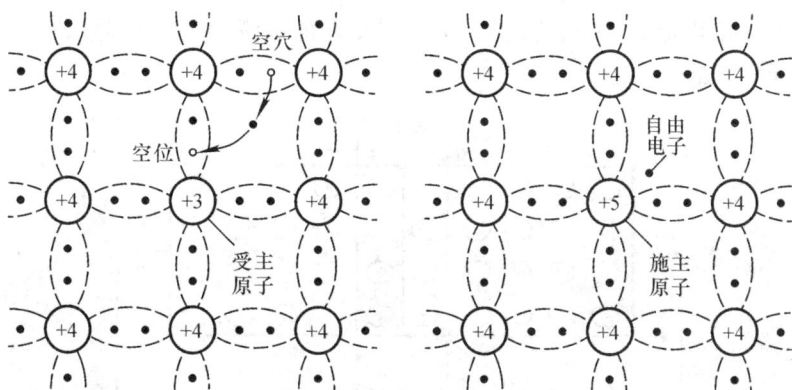

图 4 - 1 - 4　N 型、P 型半导体结构示意图

4.1.4 PN 结

1. PN 结的形成

采用不同的掺杂工艺,将 P 型半导体与 N 型半导体制作在同一块硅片上,在它们的交界面就形成 PN 结。

多子的扩散、少子的漂移,扩散到 P 区的自由电子与空穴复合,扩散到 N 区的空穴与自由电子复合,P 区出现负离子区,N 区出现正离子区,都不能移动,扩散运动 = 漂移运动时达到动态平衡。

在空间电荷区,由于缺少多子,所以也称耗尽层。

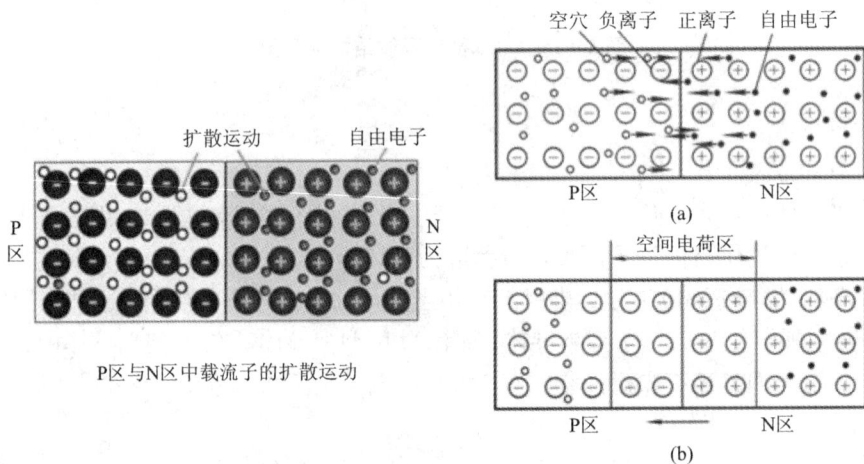

图 4-1-5   PN 结的形成示意图

2. PN 结的特性:单向导电性

(1)外加正向电压(正向偏置、正偏)——导通

外加正向电压时,P 区加正电压、N 区加负电压,耗尽层变窄,扩散运动加剧,由于外电源的作用,形成扩散电流。PN 结的正向电阻很小,正向电流较大,是多数载流子的扩散运动形成的,此时 PN 结正向导通。

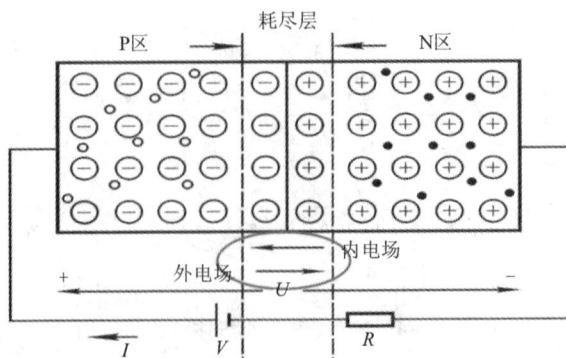

图 4-1-6(a)   PN 结正向导通

(2)外加反向电压(反向偏置、反偏)——截止

外加反向电压时,P 区加负电压、N 区加正电压,耗尽层变宽,阻止扩散运动,有利于漂移运动,形成漂移电流 PN 结的反向电阻很小,反向电流很小,是少数载流子的漂移运动形成的,此时 PN 结反向截止。

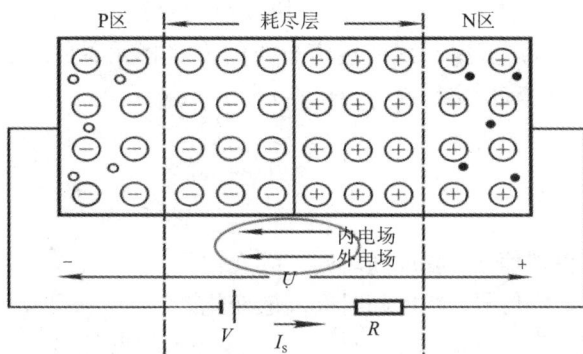

图 4-1-6(b)　PN 结反向截止

3.PN 结的应用

PN 结是二极管、三极管、晶闸管以及半导体集成电路等半导体器件的核心部分。

利用半导体可以做成各种半导体器件。半导体器件具有体积小、重量轻、使用寿命长、输入功率小、功率转换效率高等优点。IC 的出现,使电子设备在微型化、可靠性和灵活性等方面又向前推进了一大步,成为当代高技术的先锋。

汽车电路使用了许多电子元件、组件、模块和集成电路(IC),利用它们和前面介绍的电阻、电容、电感、变压器、继电器,还有各类传感器等,就可以构成一个较为完整的电子电路或系统,从而达到控制、保护、检测、报警、调节、供电等功能。

任务二　集成电路简介

随着半导体材料的广泛应用,半导体技术的发展造就了今天信息化、网络化的数字时代。半导体集成电路技术是现代信息技术的核心。近几十年来集成电路技术的快速发展带动了整个信息技术行业的飞速发展,使电子信息产业超过了以汽车、石油、钢铁为代表的传统工业成为第一大产业,同时也成为改造和拉动传统产业迈向数字时代的强大引擎和雄厚基石。

集成电路技术涉及半导体器件物理、微电子学、电子学、无线电、光学以及信息学等学科领域的知识。

4.2.1　基本概念

1.集成电路(Integrated Circuit, IC)

采用一定的工艺,把一个电路中所需的晶体管、二极管、电阻、电容和电感等元件及布

线互连一起，制作在一小块或几小块半导体晶片或介质基片上，然后封装在一个管壳内。

2. 半导体集成电路

采用半导体制作工艺，在一块较小的单晶硅片上制作许多晶体管及电阻、电容等器件，并按照多层布线或隧道布线的方法将元器件组合成完整的电子电路。

3. 集成电路板

集成电路板是采用半导体制作工艺，在一块较小的单晶硅片上制作许多晶体管及电阻器、电容器等元器件，并按照多层布线或遂道布线的方法将元器件组合成完整的电子电路。它在电路中用字母"IC"（也有用文字符号"N"等）表示。

4.2.2　分类

1. 按功能结构分类

①模拟集成电路：模拟信号，幅度随时间连续变化。

②数字集成电路：数字信号，幅度随时间离散变化。

2. 按制作工艺分类

①半导体集成电路：采用半导体工艺技术，制作在硅基片上。

②膜集成电路：厚膜和薄膜，制作在玻璃或陶瓷片等绝缘体上。

③混合集成电路：膜电路＋半导体集成电路或分立元件。

3. 按导电类型分类

①双极型集成电路：两种导电载流子（电子和空穴）。

②单极型集成电路：一种导电载流子（电子或空穴）。

4. 按用途分类

①电视机用集成电路：行、场扫描，中放，伴音，彩色解码等。

②音响用集成电路：高中频，立体声解码，音频前置放大器等。

③影碟机用集成电路：系统控制，视频编码，音频信号处理等。

④录像机用集成电路：系统控制，伺服，驱动，视频处理等。

⑤电脑（微机）用集成电路：CPU，南北桥，视频编解码等。

⑥电子琴用集成电路：音阶发生器，回响主音阶发生器等。

⑦通信用集成电路。

⑧汽车电子用集成电路。

⑨数码相机、摄像机用集成电路。

⑩遥控集成电路。

⑪语言集成电路。

⑫报警器用集成电路。

⑬其他集成电路。

5. 按集成度高低分类（主要针对的是数字 MOS 集成电路）

①小规模集成电路：集成 1 ～ 100 个元件，对应模拟电路小于 50 个元件。

②中规模集成电路：集成 100 ～ 1000 个元件，对应模拟电路 50 ～ 100 个元件。

③大规模集成电路：集成 1000 ～ 100000 个元件，对应模拟电路大于 100 个元件。

④超大规模集成电路：集成 100000 ～ 10000000 个元件。

⑤甚大规模集成电路：集成 10000000 ~ 1000000000 个元件。

⑥巨大规模集成电路：集成元件大于 1000000000 个。

6. 按温度分类(环境工作温度)

①商业级(C)：0 ~ +70℃。

②工业级(I)：-20 ~ +85℃。

③扩展工业级(E)：-40 ~ +85℃。

④航空级(A)：-40 ~ +85℃。

⑤军品级(M)：-55 ~ +125℃。

4.2.3　我国集成电路产业现状及发展重点趋势

1. 现状

①起步于 20 世纪 60 年代。

②目前以 8 英寸 $0.18 ~ 0.35$ μm 制造工艺为主。少量的 12 英寸圆片 90 nm 以下制造工艺。

③设计能力 $0.18 ~ 0.5$ μm。

2. 与国外的主要差距

①规模小。

②挡次低：主流技术比国外落后两代。

③创新开发能力弱：设计、工艺、设备、材料、应用、市场的开发能力差。

④人才欠缺。

⑤附加值低,利润低。

3. 发展重点和关键技术

①亚 100 nm 可重构 SoC 创新开发平台与设计工具研究。

②SoC 设计平台与 SIP 重用技术。

③新兴及热门集成电路产品开发。

④10 nm 1012 Hz CMOS 研究。

⑤12 英寸 90/65 nm 微型生产线。

⑥高密度集成电路封装的工业化技术。

⑦SoC 关键测试技术研究。

⑧直径 450 mm 硅单晶及抛光片制备技术。

⑨应变硅材料制备技术。

⑩60 nm 节点刻蚀设备(介质刻蚀机)。

⑪60 nm 节点曝光设备(F2 准分子激光曝光机)。

4.2.4　集成电路的设计过程

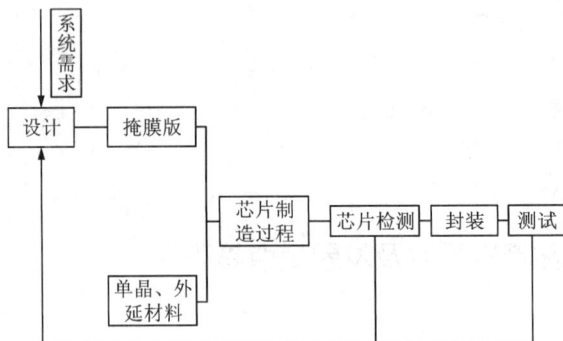

①Spec 确定：根据客户的需求定义，包括技术指标和封装要求。

②电路模块划分：比如控制模块，存储模块，驱动模块等。

③模块电路设计：定义模块的 Spec 和输入输出，使用各种元器件搭建电路。

④模块电路仿真：验证模块电路功能和性能是否符合 Spec 要求。

⑤整体电路设计：组合各模块电路。

⑥整体电路仿真：验证整体电路功能和性能是否符合 Spec 要求。

⑦版图设计：根据电路制作相应的版图。

⑧版图验证：通过版图验证工具确认版图是否违反工艺所规定的设计规则。

⑨版图电路对比检查：通过 LVS 确认版图和电路是否完全匹配。

⑩版图后仿真：对应整体电路仿真，考虑了版图的寄生器件的影响。

⑪Tape out：将最终的版图形成 GDSII 文件。

4.2.5　集成电路晶圆生产过程

1. 工艺步骤介绍

(1)洁净室和清洗

(2)氧化和化学淀积

(3)光刻和刻蚀

(4)扩散和离子注入

(5)金属连接和平坦化

2. 标准 CMOS 工艺流程

(1)初始清洗

(2)前置氧化

(3)淀积氮化硅

(4)形成 P 井

(5)去除氮化硅

(6) P 井离子注入

(7) P 井退火及氧化层的形成

(8) 去除氮化硅

(9) N 井离子注入

(10) N 井退火

(11) 去除氧化层

(12) 生成二氧化硅

(13) 淀积氮化硅

(14) 器件隔离区的掩膜形成

(15) 刻蚀氮化硅

(16) 隔离区氧化

(17) 去除氮化硅

(18) 去除器件区域的氧化层

(19) 形成栅氧

(20) 淀积多晶硅

(21) 涂布光刻及去除栅极区域光刻胶

(22) 形成栅极

(23) 生成二氧化硅薄膜

(24) 形成 NMOS 的源极和漏极

(25) 形成 PMOS 的源极和漏极

(26) 形成未掺杂的氧化层

(27) 淀积含硼磷的氧化层

(28) 形成接触孔

(29) 溅镀 Metal1 (第一层金属膜)

(30) 淀积二氧化硅

(31) 涂上流态二氧化硅并烘干

(32) 形成 Metal2 的接触通孔

(33) 形成 Metal2

(34) 淀积保护氧化层

(35) 淀积氮化硅薄膜

(36) 形成 PAD

(37) 最后退火处理

4.2.6　集成电路封装过程

(1) 晶片切割(Die Saw)

(2) 黏晶(Die Mount/Die Bond)

(3) 焊线(Wire Bond)

(4) 封胶(Mold)

(5) 剪切/成型(Trim/Form)

（6）印子（Mark）

（7）电镀（Plating）

（8）检验（Inspection）

20 世纪 90 年代末，美国国防部率先提出并采用微电子机械系统（micro electro mechanical systems），将微电子器件，光电子器件和微机电系统整合在一起制作芯片级集成微系统的概念，有效提高系统的功能性和小型化程度。根据国际半导体技术路线图（ITRS），3D 集成技术是未来关键发展技术之一，是实现小型化，克服信号延迟导致的所谓"布线危机"的关键性技术解决方案。

国际半导体发展路线图明确指出，后摩尔定律时代（more than Moore）将推动各种数字功能从板级向封装级，芯片级，堆叠芯片过渡。西门子等国际知名公司率先在图像传感器中使用了 3D 集成技术。美国国防部还专门在国防部高级研究计划局下设立了微系统技术办公室，负责集成微系统的发展和研究。几家集成电路工具制造商已经着手开发适合即将来临的 3D 系统时代使用的工具。欧洲集成项目计划也开展了多项极小型无线传感器 3D 集成技术的研究。

经过多年发展，3D 集成技术逐渐形成了 SoC 和 SiP 两大主流趋势，它们已分别发展成为集成电路芯片和封装领域的领先技术。

系统芯片（SoC）问世于 20 世纪 90 年代，自出现以来人们对它寄予了无限厚望。其芯片集成系统可以包含数以千万计的晶体管，构成功能复杂的电子系统。SoC 技术的核心是不同功能的多种元器件以三维集成的形式设计成为具有复杂功能的芯片级微小型电子系统，既可应用在测试检测设备，模拟训练器材等军事装备上，还可应用于通用型战场装备故障自动检测仪等。但到目前为止，SoC 还只能实现子系统，并没有真正意义上的系统芯片。

SiP 的概念最早是由国际半导体技术发展路线图作为关键发展技术提出来的，是在 SoC 基础上发展起来的一门新型封装技术，指将不同功能的有源器件、无源器件和光学器件等集成在一个标准封装内的系统。SiP 技术面临的最大挑战在于不同元件和不同材料的异质集成。

就目前的发展趋势来看，SoC 主要应用于更新换代较慢的产品和武器装备使用的高性能产品，SiP 主要用于周期较短的消费类产品。SoC 实际上仍属于平面系统的范畴，由 COMS 完成解决方案，是芯片集成方案，传感器，无源元件等复杂系统的异构集成。

未来几年，3D 集成技术将率先在图像传感器，MEMS 器件，生物医学器件中出现突破，然后进入信息家电，便携设备，无线移动终端，汽车，医疗，工业自动化，环保以及安防系统半导体领域。

到目前为止，尚没有一种集成技术适合制作所有类型的 3D 集成系统，每一种产品都需要多种不同的集成技术结合起来才能实现。性能改进和功能密度增强是 3D 集成技术短期内需要着重考虑的任务。

项目五　半导体二极管及其应用

【学习目标】

❀学会应用 PN 结的单向导电性　　❀学会二极管的整流电路原理

❀掌握二极管的结构和符号　　❀学会分析二极管在汽车电路中的应用

❀掌握二极管的特性及主要参数　　❀掌握直流稳压电源电路原理

❀了解典型特殊二极管特性及应用　　❀学会二极管的简单检测方法

本项目在项目四半导体的基础上，介绍二极管。PN 结是构成各种半导体器件的基础。半导体二极管是最常用的电子器件之一，本章主要介绍它的基本结构、工作原理、特性及主要参数，及其延伸的特殊二极管、直流稳压电源、应用等。

任务一　二极管

5.1.1　二极管的形成

将 PN 结加上相应的封装并引出两根电极引线即可构成二极管。

封装的目的，一是为了保护 PN 结不被外界环境影响其导电性能，如被空气氧化、被光照、被水腐蚀等；而是为了保护使用者的安全，PN 结是在特定条件是导体，在使用过程中有电流。目前的封装有金属封装、塑料封装、玻璃封装。

从 P 型端引出的引线称为阳极，也叫正极，用"＋"表示；从 N 型端引出的引线称为阴极，也叫负极，用"－"表示。

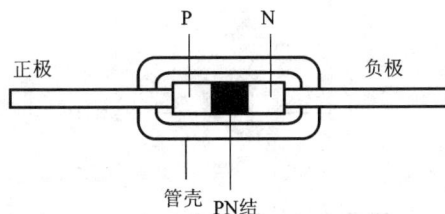

图 5－1－1　二极管的形成示意图

5.1.2　二极管的基本结构和符号

"一个结(PN结)，两个区(P区、N区)，两个极(阳极、阴极)"→"二极"管。

1.外形结构

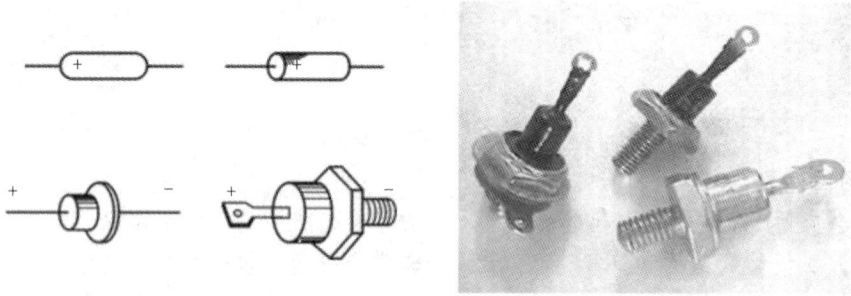

图 5 - 1 - 2　二极管的外形结构图

2.二极管的类型

二极管有许多种类型。

从工艺上分，有点接触型、面接触型和平面型。

从材料上分，有硅二极管和锗二极管。从用途上分，有整流管、检波二极管、稳压二极管、光电二极管和开关二极管等。

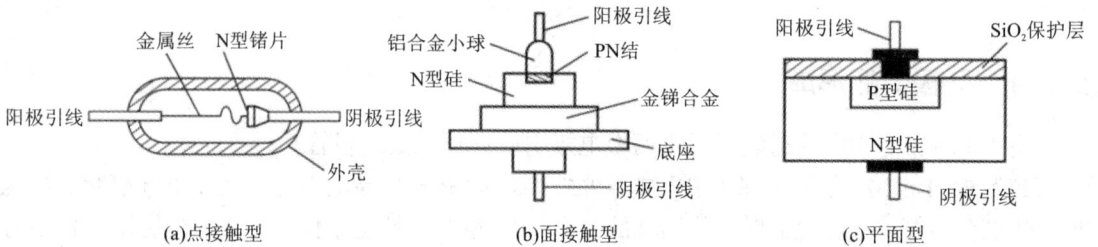

(a)点接触型　　　　(b)面接触型　　　　(c)平面型

图 5 - 1 - 3　二极管的类型

3.二极管的符号

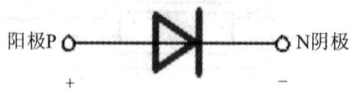

阳极P　　N阴极

图 5 - 1 - 4　二极管的符号

5.1.3 二极管的伏安特性

二极管的内部本质就是一个 PN 结,所以二极管与 PN 结一样具有"单向导电性"。二极管外加电源时,两段的电压与流过二极管的电流之间的关系,称为二极管的"伏安特性"。

1. 正向特性

当二极管承受正向电压小于某一数值(称为死区电压或开启电压)时,还不足以克服 PN 结内电场对多数载流子运动的阻挡作用,这一区段二极管正向电流很小,称为死区。

通常,硅材料二极管的死区电压约为 0.5 V,锗材料二极管的死区电压约为 0.1 V。

当正向电压超过死区电压值时,外电场抵消了内电场,正向电流随外加电压的增加而明显增大,二极管正向电阻变得很小。当二极管完全导通后,正向压降基本维持不变,称为二极管正向导通压降 U_F。

通常,硅材料二极管的导通电压约为 0.7 V,锗材料二极管的导通电压约为 0.3 V。

2. 反向特性

当二极管承受反向电压时,外电场与内电场方向一致,只有少数载流子的漂移运动,形成的漏电流 IR 极小,这时二极管反向截止。

当反向电压增大到某一数值时,反向电流将随反向电压的增加而急剧增大,这种现象称为二极管反向击穿。击穿时对应的电压 U_{BR} 称为反向击穿电压。

半导体的热敏特性导致半导体二极管的工作受温度的影响,温度每升高 1℃,正向压降减小 2～2.5 mV;温度每升高 10℃,反向电流约增大一倍。

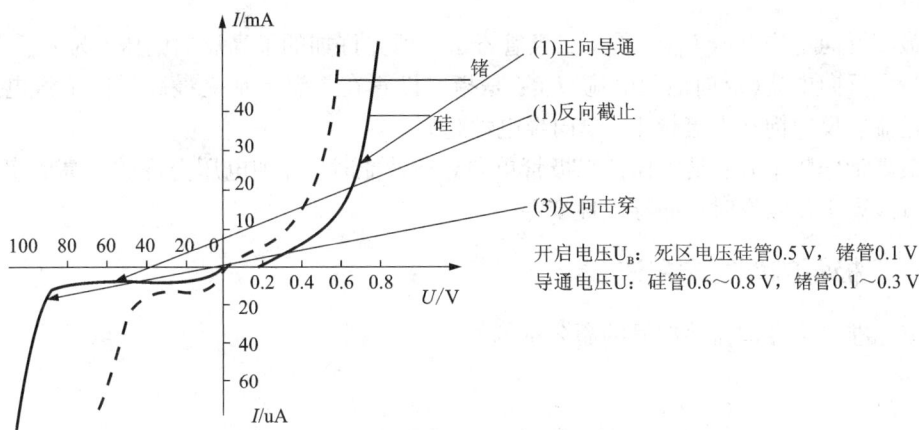

图 5 - 1 - 5(a) 硅、锗二极管的伏安特性曲线

温度对二极管伏安特性的影响：
温度每升高1℃，正向压减小2～2.5 mV
温度每升高10℃，反相电流约增大一倍

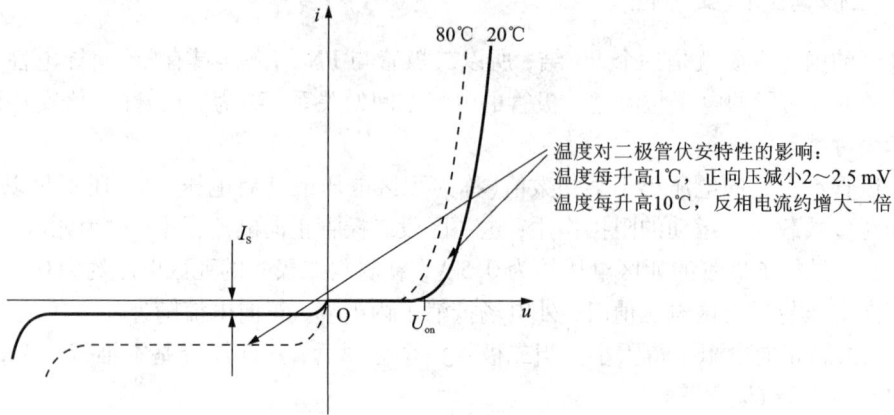

图 5 –1 –5(b)　二极管受温度影响的伏安特性曲线

5.1.4　二极管的主要参数

二极管的主要参数表征二极管的性能及其适用范围的重要参数，是选用二极管的主要依据。

①最大整流电流 I_{FM}：是指二极管长期工作时允许通过的最大正向平均电流值。

②反向击穿电压 U_{BR}：二极管反向电流刚开始随反向电压值增大而急剧增加时对应的反向电压值。

③最高反向工作电压 U_{RM}：是指二极管不击穿所允许加的最高反向电压，为 $U_{BR}/2$。

④最大反向电流(反向饱和电流) I_{RM}：是指二极管在常温下承受最高反向工作电压时的反向漏电流。反向饱和电流越小，单向导电性越好。

⑤最高工作频率 f_{M}：是指保持二极管单向导通性能时，外加电压允许的最高频率。工作频率超过最高工作频率时单向导电性变差。

5.1.5　二极管的型号命名法

国家标准对半导体器件型号的命名举例如下：

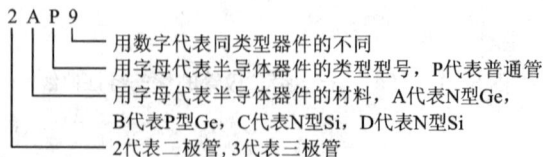

2 A P 9
用数字代表同类型器件的不同
用字母代表半导体器件的类型型号，P代表普通管
用字母代表半导体器件的材料，A代表N型Ge，
B代表P型Ge，C代表N型Si，D代表N型Si
2代表二极管，3代表三极管

5.1.6　二极管的简单检测

1. 理想二极管

二极管加正偏即导通，一旦导通，正向导通压降为零；加反偏截止，反向电流为零。在不少场合，特别是理论估算分析的时候，都可以把二极管看成理想二极管。

2.二极管的好坏判断

二极管损坏时的物理现象是短路或断路。短路时，正向反向均有电流通过；断路时，正向反向均没有电流通过。

3.二极管的简单检测

一般情况下，二极管都有一定的标注，塑料封装二极管有标记环的一侧为负极；国产二极管带色点的一端为正极。

在某些情况下，比如没有标记的二极管、标记模糊不清需要判别二极管极性、要检测二极管的好坏，可以用万用表电阻挡来判断二极管的正、负极和好坏。

方法步骤：

①将指针万用表拨到 R×1 k 挡。

注意：不能用 R×1 挡和 R×10 k 挡，因为 R×1 挡电流太大，可能会烧坏二极管；R×10 k 挡电压太高，可能会击穿二极管。

②用表笔分别与二极管的两极相接，测出一个电阻 R_1；

③交换表笔再测出一个电阻 R_2；

结论：

根据二极管的伏安特性可知：二极管的正向电阻小、反向电阻大，以此为依据，对比检测的结果即可判断二极管的极性及好坏：

R_1、R_2 都很小几乎为零：则说明该二极管可能短路损坏；

R_1、R_2 都很大趋于∞：则说明该二极管可能断路损坏；

R_1 大、R_2 小：则

注意：①万用表内部的电池作为二极管的电源形成回路，万用表内部电源的正极对应二极管的黑表笔，负极对应二极管的红表笔。

②如果使用的是数字万用表，表笔情况正好相反，即测 R_2 时的黑表笔一端为二极管负极，测 R_1 时的红表笔一端为二极管负极。

任务二 特殊二极管

除了普通的半导体二极管，根据普通二极管的伏安特性及半导体的工艺，可以做成若干种特殊二极管，专供特殊用途，如稳压二极管，根据普通二极管的反向击穿特性做成的；发光二极管根据二极管的正向导通特性做成的；光电二极管根据半导体的光敏特性做成的。本任务主要介绍常用的几种特殊二极管的基本特性及其应用。

5.2.1 发光二极管

1.结构和符号

如图 5-2-1 所示。

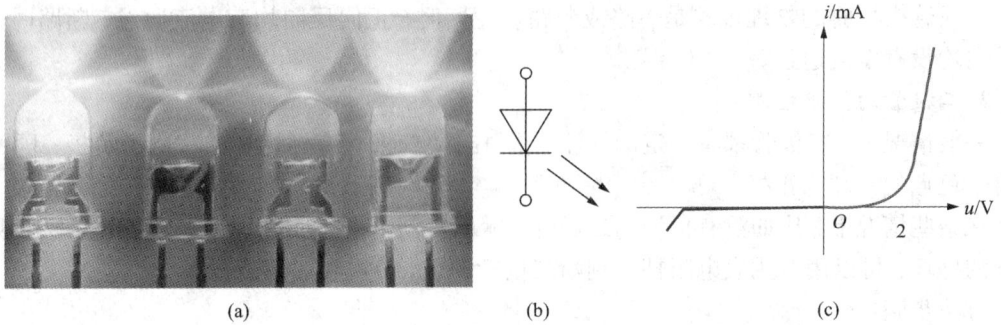

图 5 - 2 - 1　发光二级管

（a）实物；（b）符号；（c）伏安特性曲线

2. 工作特性

发光二极管是一种光发射器件，能把电能直接转换成光能的固体发光器件，简称 LED（Light Emitting Diode），发明于 20 世纪 60 年代。与普通二极管一样，发光二极管的管芯也是由 PN 结组成，具有单向导电性。与普通二极管不同的是，发光二极管在正向导通时，由于空穴和电子的复合而发出能量，发出一定波长的可见光。光的波长不同，颜色也不同，可以发出黄、绿、红不同颜色的光。

发光二极管具有体积小、工作电压低（1.5 ~ 3 V）、工作电流小（10 ~ 30 mA）、发光均匀稳定且亮度比较高、响应速度快、寿命长以及价格低廉等优点。

3. 应用及其前景

（1）电源通断指示电路

电源通断指示发光二极管作为电源通断指示电路，通常称为指示灯，在实际应用中给人提供很大的方便。

（2）数码管

数码管是电子技术中应用的主要显示器件，它是用发光二极管经过一定的排列组成的。要使它显示 0 ~ 9 的一系列数字只要点亮其内部相应的显示段即可。数码管应用十分广泛，凡是需要指示或读数的场合，大都可采用数码管显示。

发光二极管一方面凭借其轻、薄、短、小的特性，另一方面借助其封装类型的耐摔、耐震及特殊的发光光形，发光二极管的确给了人们一个很不一样的光源选择，但是在人们只考虑提升发光二极管发光效能的同时，如何充分利用发光二极管的特性来解决将其应用在照明时可能会遇到的困难，目前已经是各国照明厂家研制的目标。随着近年来发光二极管发光效能逐步提升，充分发挥发光二极管的照明潜力，将发光二极管作为发光光源的可能性也越来越高，发光二极管无疑为近几年来最受重视的光源之一。

有资料显示，近年来科学家开发出用于照明的新型发光二极管灯泡。这种灯泡具有效率高、寿命长的特点，可连续使用 10 万小时，比普通白炽灯泡长 100 倍。

5.2.2　光电二极管

1.结构和符号

光电二极管的基本结构也是一个 PN 结,但管壳上有一个玻璃窗口以便接受光照,当光线辐射于 PN 结时,提高了半导体的导电性。

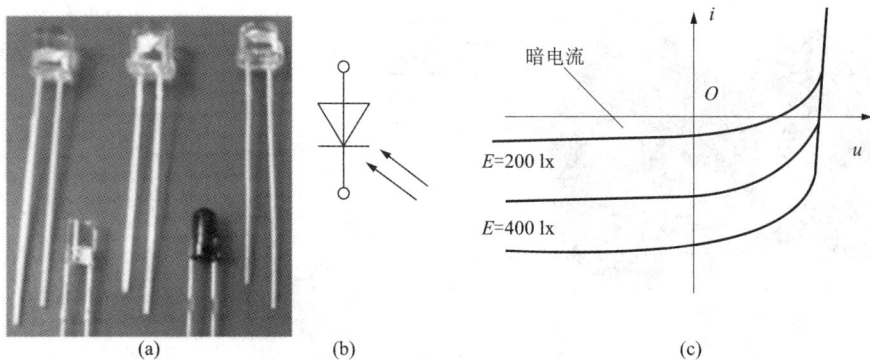

图 5 - 2 - 2　光电二级管
(a)实物;(b)符号;(c)伏安特性曲线

2.工作特性

光电二极管又叫光敏二极管,它是一种将光信号转换为电信号的器件。光电二极管工作在反偏状态下。无光照时,与普通二极管一样,反向电流很小,被称为暗电流。当有光照时,其反向电流随光照强度的增加而增加,被称为光电流。

3.应用

光电二极管广泛应用于各种遥控系统、光电开关、光探测器,以及以光电转换的各种自动控制仪器、触发器、光电耦合、编码器、特性识别、过程控制、激光接收等方面。在机电一体化时代,光电二极管已成为必不可少的电子元件。

5.2.3　硅稳压二极管

1.符号和伏安特性

硅稳压管又简称稳压管是一种用特殊工艺制造的面结合型硅半导体二极管,与普通二极管不同的是,稳压管的工作区域是反向齐纳击穿区,故而也称为齐纳二极管。

2.工作特性

稳压管正向偏压时,其特性和普通二极管一样;反向偏压时,开始一段和二极管一样,当反向电压达到一定数值以后,反向电流突然上升,而且电流在一定范围内增长时,管两端电压只有少许增加,变化很小,具有稳压性能。这种"反向击穿"是可恢复的,只要外电路限流电阻保障电流在限定范围内,就不致引起热击穿而损坏稳压管。

3.应用

硅稳压二极管与电阻配合具有稳定电压的特点。稳压二极管用来构成的稳压电路,如图 5 - 2 - 4 所示。U_I 是不稳定的可变直流电压,希望得到稳定的电压 U_0,故在两者之间加稳压

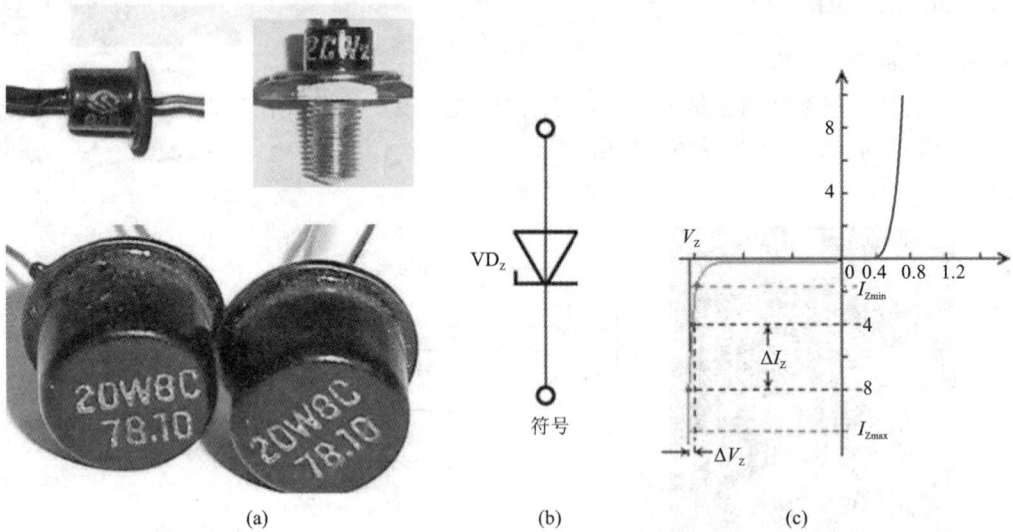

(a)   (b)   (c)

图 5 – 2 – 3   稳压二级管

（a）实物；（b）符号；（c）伏安特性曲线

电路。它由限流电阻 R 和稳压管 VD_z 构成，R_L 是负载电阻。

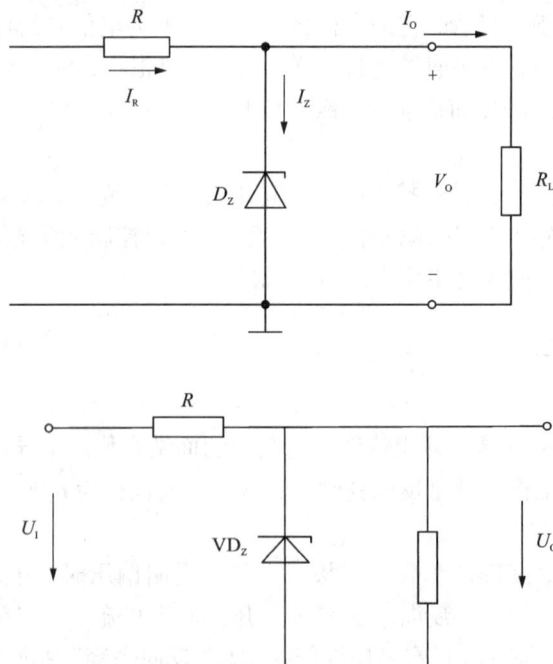

图 5 – 2 – 4   稳压二级管构成稳压电路

5.2.4　变容二极管

1. 符号和伏安特性

变容二极管是利用 PN 结电容效应的特殊二极管。其符号和伏安特性曲线如图 5 - 2 - 5 所示。

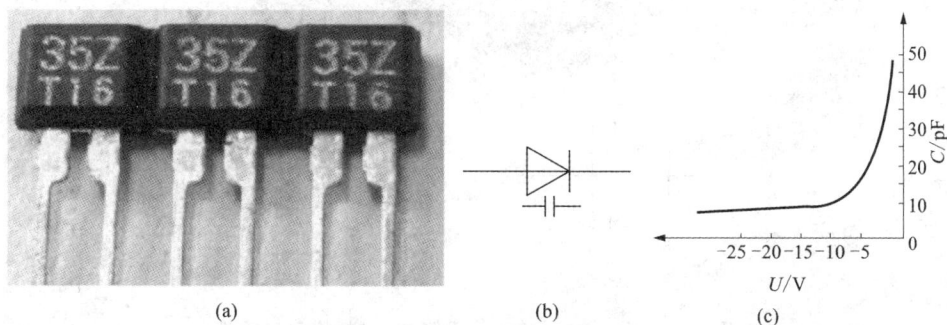

图 5 - 2 - 5　变容二级管
(a)实物；(b)符号；(c)伏安特性曲线

2. 工作特性

普通二极管由于存在结电容所以有电容效应。二极管结电容大小除了与本身工艺有关还与外加电压有关。当反偏电压增加，结电容就减小，变容二极管是这种效应显著的二极管。由伏安特性曲线可知，改变变容二极管直流反偏电压就可以达到改变电容量的目的。不同型号的管子其电容量最大值可能是 5 ~ 300 pF。最大电容与最小电容之比 5∶1。

3. 应用

变容二极管被广泛应用于谐振回路中。例如，在电视机中就使用它作为调谐回路的可变电容器，实现电视频道的选择。在高频电路中的应用也很多，可用于自动调谐、调频、调相等。

5.2.5　肖特基二极管

肖特基二极管是由金属和 N 型或 P 型半导体接触形成具有单向导电性的二极管。图 5 - 2 - 6(a)是肖特基二极管电路符号。肖特基二极管具有反向恢复时间短（最低可小于 10 ns）和正向压降低（可达 0.4 V）的特点。在数字集成电路中，它与晶体三极管做在一起，形成肖特基晶体管，可以提高开关速度。

5.2.6　快恢复二极管

快恢复二极管工作原理与普通二极管相似，但制造工艺与普通二极管不同，在靠近 PN 结的掺杂浓度很小，可获得较高的开关速度，正向压降亦较低，反向恢复时间为 200 ~ 750 ns，高速的可达 10 ns，与肖特基二极管相比，其耐压高得多。它主要用在高速整流元件、开关电源和逆变电源作整源二极管，以降低关断损耗，提高效率和减少噪声。图 5 - 2 - 6(b)是它的电路符号。

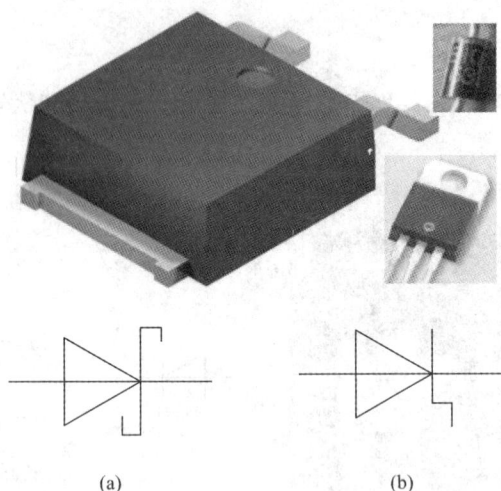

| (a) | (b) |

图 5 - 2 - 6　(a)肖特基二极管　(b)快恢复二极管

5.2.7　激光二极管

激光是由人造的激光器产生的,在自然界中尚未发现。激光二极管的应用非常广泛,计算机的光驱、激光唱机和激光影碟机中都少不了它。

任务三　二极管在汽车上的应用

二极管的应用范围很广,主要利用它的单向导电性,进行整流、检波、限幅、钳位、隔离和元件保护(续流)以及数字电路中作为开关元件等。

普通二极管的整流、限幅、检波,以及各种特殊用途的发光二极管、光电二极管、稳压二极管、变容二极管、肖特基二极管、快恢复二极管、激光二极管,都可以应用到汽车电路中。

5.3.1　二极管的整流

二极管具有单向导电性,因此可以利用二极管的这一特性组成整流电路,将交流电压变为单向脉动电压。在小功率直流电源中,经常采用单相半波、单相桥式电路。在汽车电路中常用三相桥式整流电路。

1.单相半波整流电路

(1)电路组成

单相半波整流电路如图 5 - 3 - 1(a)所示。它由变压器 T,整流二极管 VD 及负载电阻 R_L 组成。其中 u_1,u_2 分别表示变压器的原边和副边交流电压。变压器将电网交流电压 u_1 变成整流电路所需的交流电压 u_2。二极管只允许正向电流通过。负载上的电压为整流输出电压 u_0。

(2)工作原理

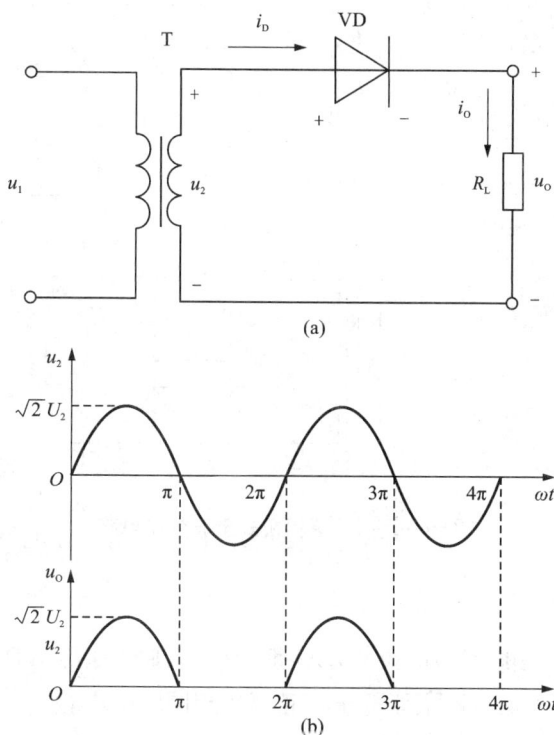

图 5 - 3 - 1　单相半波整流电路

(a)电路图;(b)波形图

设变压器的次级电压为 $u_2 = U_2 \sin\omega t$,认为变压器和二极管是理想器件。

在 u_2 的正半周,变压器副边电压极性是上正下负,二极管因承受正向电压而导通。此时负载电阻 R_L 上输出波形与 u_2 相同。

在 u_2 的负半周,变压器副边电压极性是上负下正,二极管因承受反向电压而截止。u_2 的电压全部加在二极管 VD 上。

整个周期内负载电阻 R_L 上只有半个周期的电压,即负载电阻 R_L 上得到的是半波整流电压 u_o。半波整流在负载上得到的是单向脉动直流电压和电流。

扩展思考:将电路中二极管反接在电路中,输出波形有什么变化?

(3)特点及应用

单相半波整流电路虽然结构简单,所用元件少,但变压器利用率和整流效率低,输出电压脉动大,因此,单相半波整流电路只适用于小电流且对直流电源要求不高的场合。

2.单相桥式全波整流电路

为了克服单向半波整流电路的缺点,可采用单向桥式整流电路,其由四个二极管接成电桥形式,因此而称为桥式整流电路。

(1)电路组成

单相桥式整流电路由变压器,4 个整流二极管和负载组成。图 5 - 3 - 2 所示为桥式整流电路的几种画法。

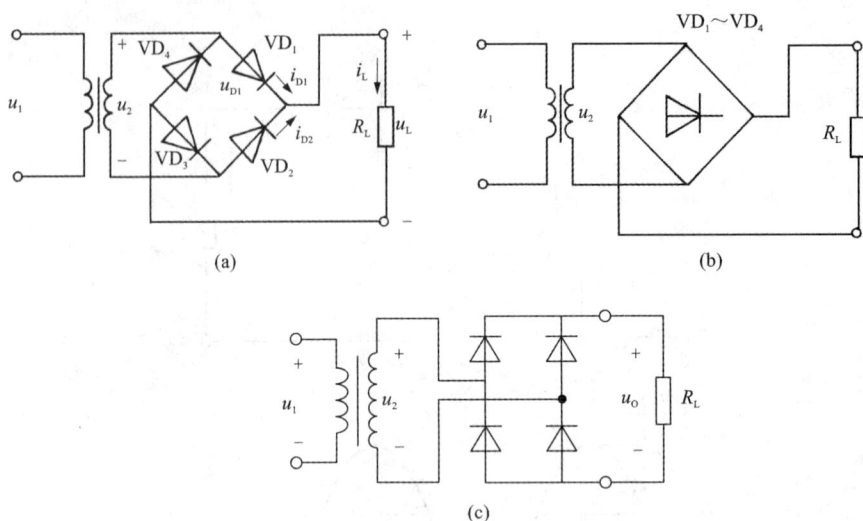

(a)

(b)

(c)

图 5 - 3 - 2　单相桥式全波整流电路

（2）工作原理

当 u_2 是正半周时，二极管 VD_1 和 VD_3 导通，而二极管 VD_2 和 VD_4 截止，负载 R_L 上的电流是自上而下流过负载，负载上得到了与 u_2 正半周相同的电压。

在 u_2 的负半周，u_2 的实际极性是下正上负，二极管 VD_2 和 VD_4 导通而 VD_1 和 VD_3 截止，负载 R_L 上的电流仍是自上而下流过负载，负载上得到了与 u_2 正半周相同的电压。

4 个二极管两两轮流导通，因此正、负半周内都有电流流过。其电路工作波形如图 5 - 3 - 3 所示，从波形图上可以看出，单相桥式整流比单相半波整流电路波形增加了 1 倍。

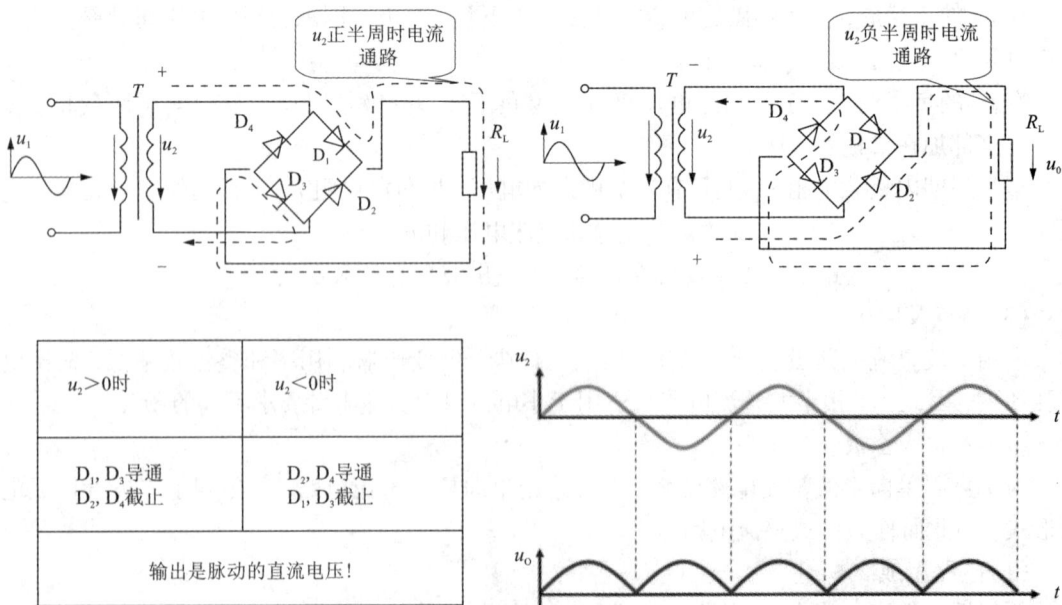

$u_2>0$时	$u_2<0$时
D_1, D_3导通 D_2, D_4截止	D_2, D_4导通 D_1, D_3截止
输出是脉动的直流电压！	

图 5 - 3 - 3　单相桥式全波整流电路工作原理示意图

（3）特点及应用

单相桥式整流电路，在变压器次级电压相同的情况下，输出电压平均值高、脉动小，整流二极管承受的反向电压和半波整流电路一样。

虽然二极管用了4个，但小功率二极管体积小，价格低廉，因此单相桥式整流电路得到了广泛的应用。

将单向桥式整流电路中的4个二极管集成在一起，就成为一个整流桥，整流桥的外形如图5-3-4所示。在电路连接时，整流桥的a，b两个端子与交流输入电压相连接，c，d两个端子与直流输出电压相连接，其中c端为正极性，d端为负极性。

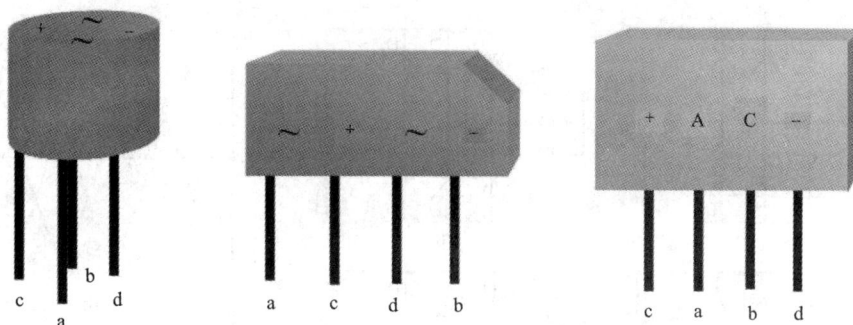

图5-3-4　整流桥

3.三相桥式整流电路

在汽车交流发电机中，发电机发出的三相交流电要整流为直流电，才能供给汽车电气设备使用。这里需要利用二极管组成三相桥式整流电路才能完成。

（1）电路组成

电路由6个二极管组成。6个二极管分为共阴极组、共阳极组，如图5-3-5所示。

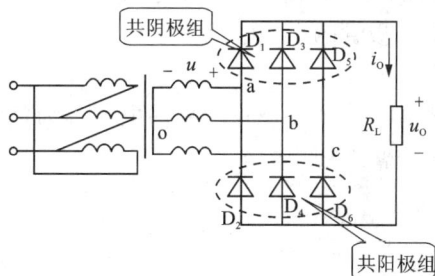

图5-3-5　三相桥式电路图

（2）工作原理（图5-3-6）

①在$t_1 \sim t_2$期间：共阴极组中a点电位最高，D_1导通；共阳极组中b点电位最低，D_4导通。负载两端的电压为线电压u_{ab}。

②在$t_2 \sim t_3$期间：共阴极组中a点电位最高，D_1导通；共阳极组中c点电位最低，D_6导通。负载两端的电压为线电压u_{ac}。

③在 $t_3 \sim t_4$ 期间：共阴极组中 b 点电位最高，D_3 导通；共阳极组中 c 点电位最低，D_6 导通。负载两端的电压为线电压 u_{bc}。

④在 $t_4 \sim t_5$ 期间：共阴极组中 b 点电位最高，D_3 导通；共阳极组中 a 点电位最低，D_2 导通。负载两端的电压为线电压 u_{ba}。

结论：

在一个周期中，每个二极管只有 1/3 的时间导通（导通角为120°）。每一时刻只有两个二极管导通，且共阴极组、共阳极组各一个二极管导通。

负载两端的电压为线电压。

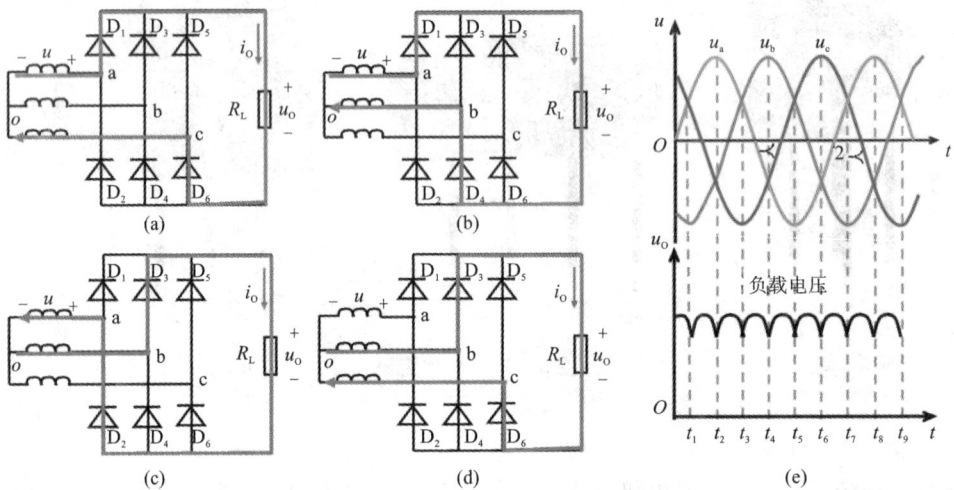

图 5 – 3 – 6　三相桥式整流电路工作原理示意图

说明：在整流电路中，选用二极管要根据二极管在电路中工作时的工作电压（二极管的最大反向电压）、电流（二极管的最大整流电流）大小决定。如：

①半波整流电路中，每个二极管的平均电流等于负载电流，每个二极管两端承受 de 反向电压就是变压器二次侧电压。

②单相桥式全波整流电路中，每个二极管的平均电流仅为负载电流的一半，每个二极管两端承受 de 反向电压就是变压器二次侧电压。

5.3.2　二极管的续流

1. 续流

一个通电线圈，当突然断电时，就会在线圈中产生一个反向电动势，如果这个反向电动势叠加在电路中的其他电子元件上（一般为晶体管），就会造成元件的损坏，为了避免这种现象出现，一般在线圈旁边并联一个二极管（图 5 – 3 – 7），形成一个小回路来吸收反向电动势，在这种电路中，二极管起到了"续流"保护其他电子元件的作用，所以该二极管也叫保护二极管。

工作时，使二极管 VD 在续流期间处于正向偏置导通状态，而在 S 闭合时 VD 处于反向偏置状态，无电流流过 VD，不影响电感性负载的正常工作。

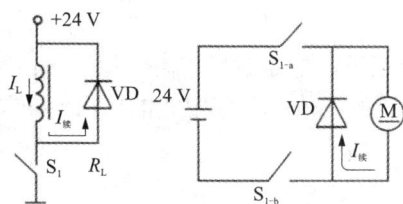

图 5 - 3 - 7　二极管续流电路示意图

续流电路的保护二极管有些装在器件外部,有些装在器件内部线圈的旁边。

2. 二极管的续流电路在汽车电子电路中的应用

二极管的续流电路在汽车电子电路中的应用随处可见,一般在继电器、线圈等旁边都并联有保护二极管组成的续流电路。如在发电机的电子电压调节器电路中,励磁线圈两端并联的二极管,组成了续流电路。

5.3.3　二极管的限幅

1. 普通二极管限幅

利用普通二极管在导通后正向电压为 0.7 V 的特性,使得二极管两端的电压维持在 0.7 V,达到限制电压幅度的作用。

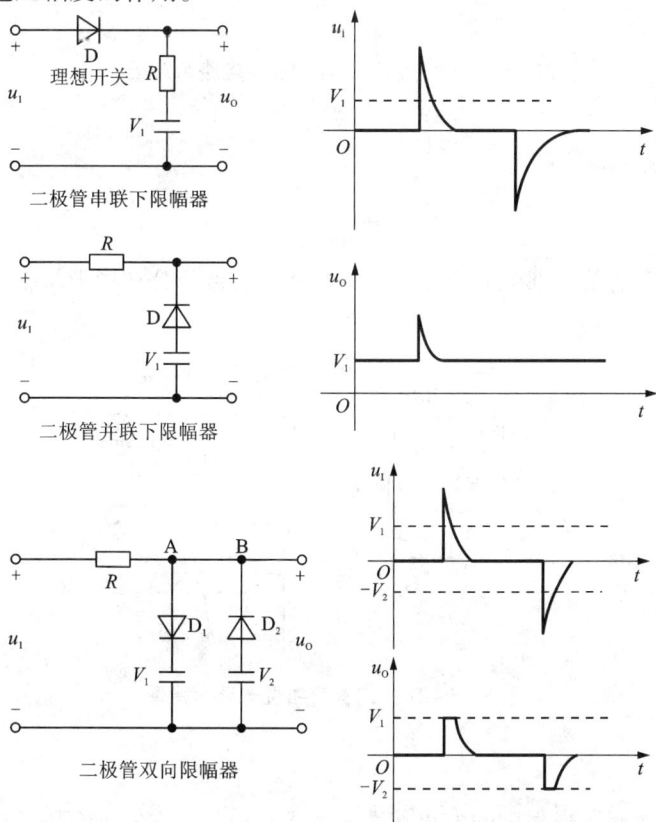

二极管串联下限幅器

二极管并联下限幅器

二极管双向限幅器

图 5 - 3 - 8　普通二极管续流电路示意图

2. 稳压二极管限幅

串联限幅的输出电压波形是输入电压波形中高于稳压管击穿电压的部分，可用来抑制干扰脉冲，也可用以鉴别输出电压的幅值。并联限幅的输出电压是输入波形中低于击穿电压的部分，可整形和稳定输出波形的幅值。

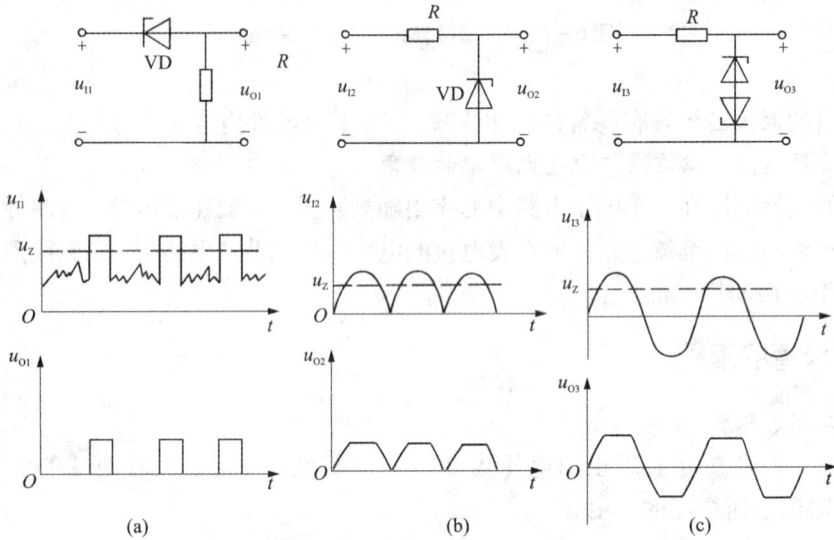

图 5 - 3 - 9　稳压二极管续流电路示意图

5.3.4　二极管的钳位

1. 钳位

将周期信号波形的某一部分固定在某一电位上，其余部分波形形状不变。

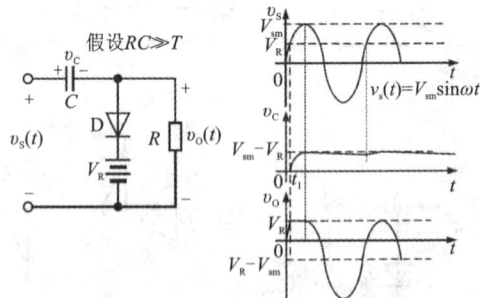

图 5 - 3 - 10　二极管钳位电路示意图

2. 应用

在工厂车间经常存在高强度的电火花造成的干扰电压，它们与有用信号叠加在一起被送到某些检测控制仪表的放大器输入端。其幅值有时达几十伏以上。如果不采取抗干扰措施，会引起仪表的误动作。

图5-3-11两个二极管反向并联组成了简单而有效的钳位电路,它们将干扰信号钳制在0.7 V以内,使放大器免于被击穿,在干扰消失后对于需要接收的有用信号,其幅值只有几个毫伏,小于这两个二极管的死区电压,所以不影响放大器的正常工作。

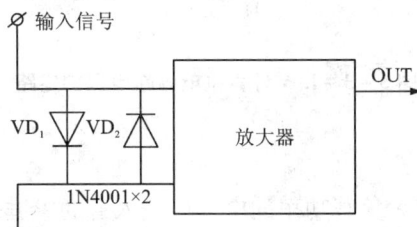

图5-3-11 二极管钳位电路应用示例

5.3.5 二极管的保护电路

在电子线路中,常用二极管来保护其他元器件免受过高电压的损害或者保护人身安全。除了上述介绍的续流保护外,二极管还可以组成欠压保护电路、计算机电源断电保护电路以及电源保险过热保护器。

1.二极管欠压保护电路

某些电路或器件不允许长期工作于电压过低的情况下利用可稳压二极管避免这种现象的产生。图5-3-12所示的输入电压超过稳压管击穿电压时,VD_Z击穿导通,继电器 KA 得电,触点 KA_1 闭合。电源通过 KA_1 向负载供电。当输入电压过低,达不到稳压管击穿电压,继电器失电。触点断开。这样保证负载上得不到比还低的工作电压。

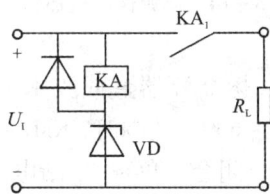

图5-3-12 二极管欠压保护电路

2.计算机电源断电保护电路

当市电正常时,存储器电路通过 VD_1 与整流滤波电路来的 +5 V 连通。这时由于 $V_{CC1} > V_{CC2}$,所以 VD_2 反偏而截止,蓄电池组不消耗电流。

当市电突然掉失时,$V_{CC1} = 0$,这时,$V_{CC1} < V_{CC2}$,所以,VD_2 正偏而 VD_1 反偏,存储器的工作电流由蓄电池提供,从而保证了计算机内重要数据不会掉失。由于 VD_1 处于截止状态,所以 V_{CC2} 的电流不会倒灌到计算机的其他电路中去,可节约 V_{CC2} 的电能。

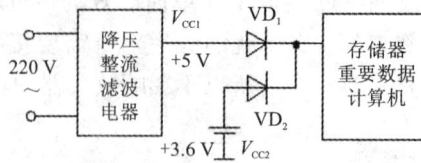

图 5 - 3 - 13   计算机电源断电保护电路

3. 电源保险过热保护器

如今取暖器、空调器等较大负载功率的电器已进入普通家庭。保险丝因超过其熔断电流增大而熔断。用二极管组成一个非常简单的过热保护器，它能很好地起到自动切断和自动开启电源的作用，以防止造成事故。

如图 5 - 3 - 14 所示，合上开关 SA，电源经温度继电器 KM_1 的闭合触点 KM_1 - 1、2，使交流继电器 KM_2 动作，触点 KM_2 - 2、1，KM_2 - 2、3 将分别闭合、断开。由二极管 VD_1 整流，发光 VD_3 显示绿色正常指示。

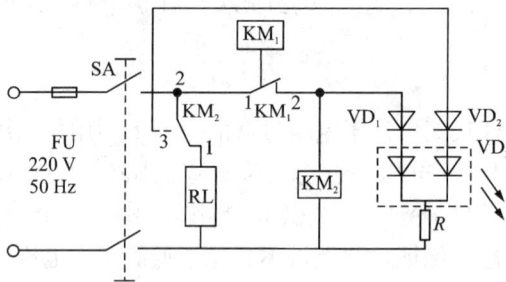

图 5 - 3 - 14   电源保险过热保护电路

当保险丝 FU 中的电流过大时，熔断瓷器盒或胶木刀闸的周围将发热，紧贴在上面的 KM_1 也随之发热。如温度升高到 55 ~ 600℃范围时，KM_1 - 1、2 触点断开，KM_2 释放，其触点 KM_2 - 2、1，KM_2 - 2、3 将分别断开、闭合。负载 R_L 断电。

5.3.6   二极管的检波

1. 检波

检波也称解调。电台发射的信号有音频和载波(高频交流波)，只有把音频信号附在载波上才能发射得更远，而接收装置(如收音机、电视机等)是把音频和载波一起接收。将载波去掉，留下有用的音频信号的过程称为检波。

2. 应用

二极管的检波电路主要应用在计算器、收音机、电视机、通信设备中，如在汽车音响电路中。

5.3.7 二极管作开关用

二极管正向导通时,其正向压降为0,相当于开关闭合。二极管反向截止时,其反向电流为0,相当于开关断开。主要应用于数字电路中。二极管在数字电路中作开关用时,常将其理想化为一个无触电开关器件。

5.3.8 特殊二极管在汽车电路中的应用

1.稳压二极管在汽车电路中的应用

在汽车电路中由于各个电器总成或元件工作电流比较大,使得汽车电源系的电压会出现波动。在汽车仪表电路和一部分电子控制电路中需要精确电压值的地方经常用稳压管获取,图5-3-15电路为汽车仪表电路中的稳压。

注意:稳压管与电阻串联,但是与仪表并联使用。

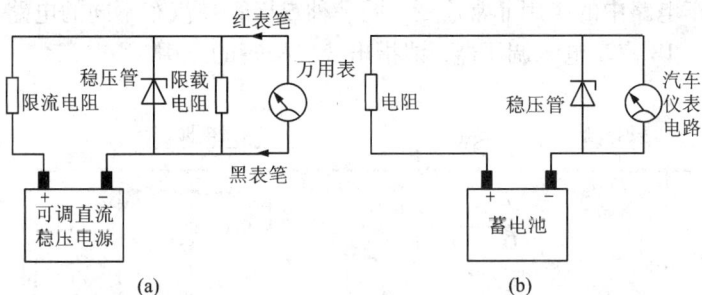

图 5 - 3 - 15 稳压二极管应用电路——汽车仪表
(a)稳压管稳压作用实验电路;(b)简化汽车仪表稳压电路

2.发光二极管在汽车电路中的应用

在汽车电路中发光二极管主要应用在仪表板上作为指示信号灯或者报警信号灯,如液体液面过低,制动蹄片过薄,制动灯、尾灯、前照灯等烧坏,相应的发光二极管被接通发光报警指示。

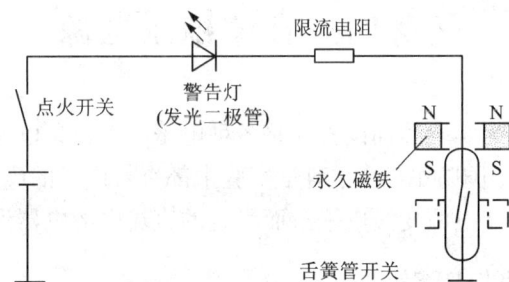

图 5 - 3 - 16 发光二极管应用电路——舌簧液位传感器

3. 光电(光敏)二极管在汽车电路中的应用

汽车上很多传感器就是利用光电二极管制成的。如电子点火系中光电传感器。

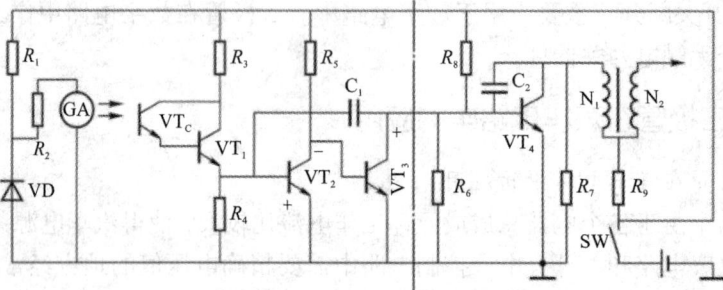

图 5-3-17   光敏二极管应用电路——光电传感器

二极管在汽车电路中的应用非常广泛,同一种二极管在汽车不同的电路中的作用也有所不同。如图 5-3-18 汽车电子调压器,请指出各二极管的作用。

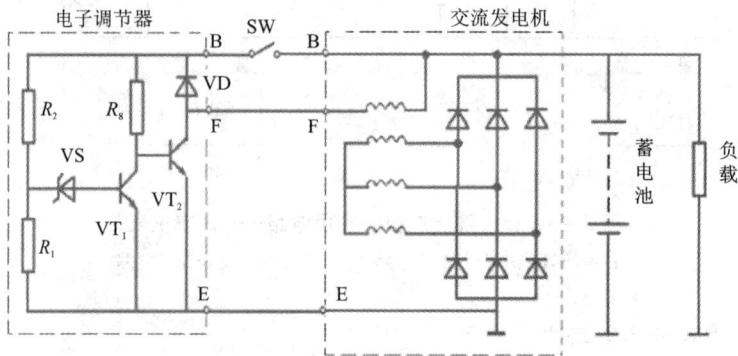

图 5-3-18   二极管应用电路举例

任务四   直流稳压电源

直流稳压电源无论作为实验实训设备还是各种电子电器设备电源转换模块,在人们的生产生活中、工农业生产中、国防军事中、科学实验中都有着广泛的应用。

直流稳压电源是将交流电源变换成平滑而稳定的直流电的电器设备。

5.4.1   直流稳压电源的电路组成

直流稳压电源由变压器、整流电路、滤波电路和稳压电路四部分构成。

①电源变压器:将交流电网电压 u_1 变为合适的交流电压 u_2。

②整流电路:将交流电压 u_2 变为脉动的直流电压 u_3。

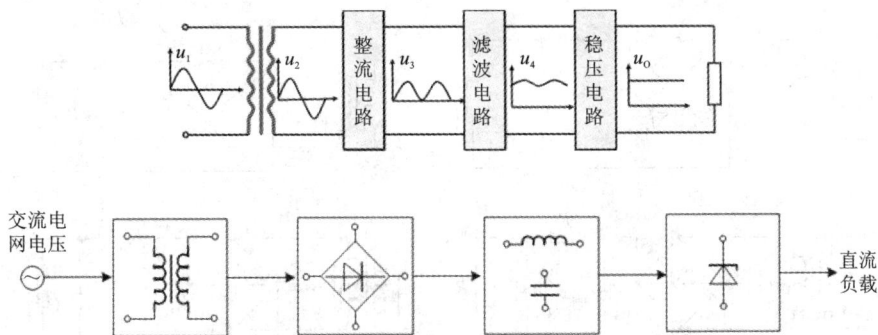

图 5 - 4 - 1　直流稳压电源组成示意图

③滤波电路：将脉动直流电压 u_3 转变为平滑的直流电压 u_4。

④稳压电路：清除电网波动及负载变化的影响，保持输出电压 u_o 的稳定。

5.4.2　直流稳压电源工作原理

1. 变压、整流

利用变压器，将交流电网电压 u_1 变为合适的交流电压 u_2；再经过单相桥式整流电路，将交流电压 u_2 变为脉动的直流电压 u_3。前面详细介绍过，这里不再重复。

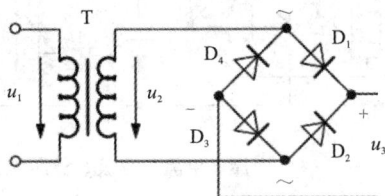

图 5 - 4 - 2　变压、整流电路

2. 变压、整流、滤波

交流电压经整流电路整流后输出的是脉动直流，其中既有直流成分又有交流成分。滤波电路就是利用储能元件电容两端的电压（或通过电感中的电流）不能突变的特性，将电容与负载 R_L 并联（或将电感与负载 R_L 串联），滤掉整流电路输出电压中的交流成分，保留其直流成分，达到平滑输出电压波形的目的。这一过程称为滤波。

3. 变压、整流、滤波、稳压

为负载提供不随电源电压波动和负载波动影响的稳定的输出电压。在小功率设备中常用的稳压电路有稳压管稳压电路、线性稳压电路和开关型稳压电路等。

(1)稳压管稳压

优点：电路简单，元件少。

缺点：稳压效果不太好，输出电压不可调，带负载能力差，只能用作提供基准电源。

(2)集成稳压

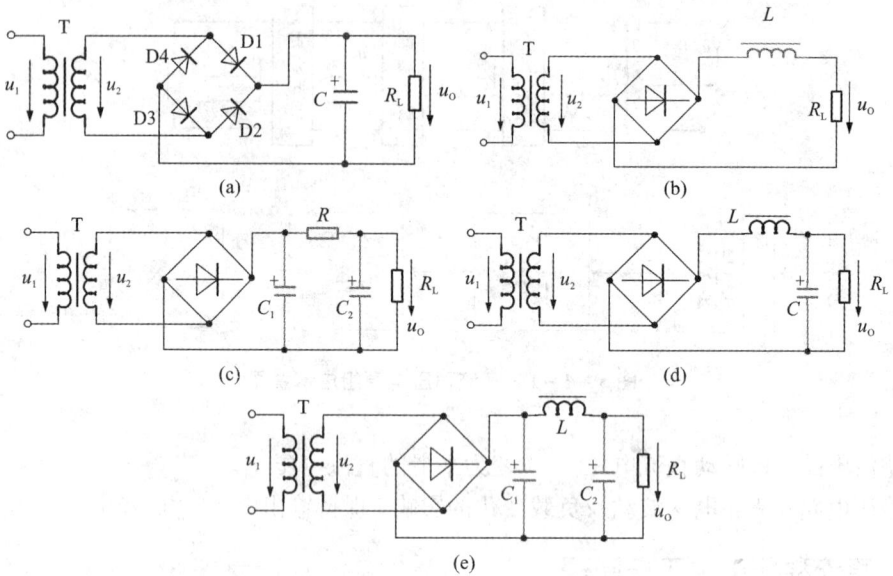

(a)　　　　(b)

(c)　　　　(d)

(e)

图5-4-3　变压、整流、滤波电路

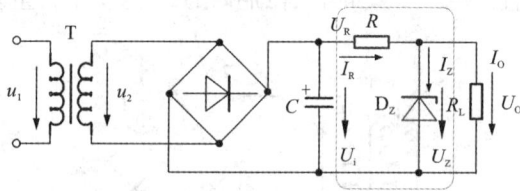

图5-4-4　变压、整流、滤波、稳压电路

　　随着半导体工艺的发展，现在已生产并广泛应用的单片集成稳压电源，具有体积小，可靠性高，使用灵活，价格低廉等优点。最简单的集成稳压电源只有输入端、输出端和公共引出端，故称之为三端集成稳压器。

　　常用的有 W7800，W7900 系列固定输出式三端集成稳压器。

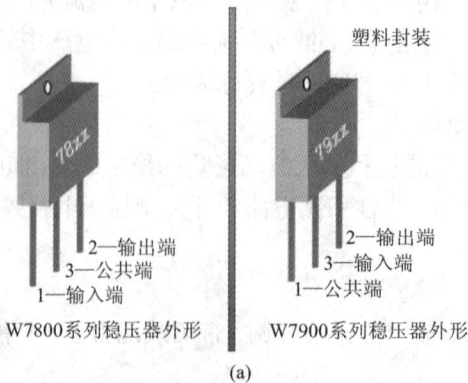

塑料封装

2—输出端
3—公共端
1—输入端

W7800系列稳压器外形

2—输出端
3—输入端
1—公共端

W7900系列稳压器外形

(a)

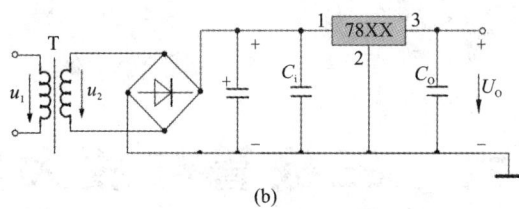

(b)

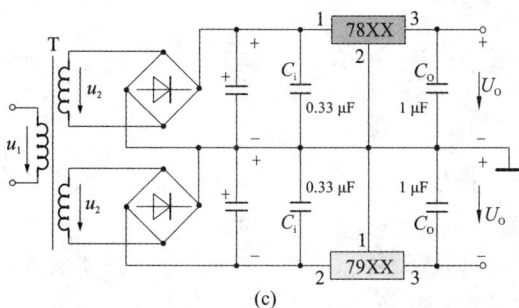

(c)

图 5 - 4 - 5 变压、整流、滤波、稳压电路

(a)三端集成稳压器外形；(b)固定输出；(c)正、负电压双输出

项目六　三极管与放大电路

【学习目标】

✱学会三极管的结构和符号　　　　　✱掌握三极管的主要参数

✱了解三极管的分类　　　　　　　　✱懂得模拟电路的特点及作用

✱学会三极管的工作状态及条件　　　✱学会分析基本放大电路

✱学会三极管的简单检测　　　　　　✱学会特殊三极管及应用

✱学会三极管基本电路联接方式　　　✱学会分析三极管在汽车电路中的应用

　　二极管和电阻电容电感一样,因为是二端器件所以没法单独完成放大或是计算。二端器件的输入端输出端无法分开,必须共享负载。单纯使用这些元件只能组合出分压或是分流电路,而无法放大一个信号。而有了三极管,输出端与输入端得以分开,可以通过输入端控制输出端信号。再给输入端和输出端分配不同大小的负载,就可以实现大于1的增益。

　　本项目主要讨论三极管的结构符号、工作特性、基本放大电路的分析以及典型应用。

任务一　三极管的基础知识

6.1.1　三极管的形成

　　半导体三极管又常称为晶体管,是通过一定的工艺,将两个PN结结合在一起的器件,形成了"两个结(PN结),三个区(2个P区1个N区/1个P区2个N区),三个极"→"三极"管。

　　由于两个PN结之间的相互影响,使得半导体三极管表现出不同于单个PN结的特性,它具有电流放大功能,从而PN结的应用发生了质的飞跃。

6.1.2　三极管的结构和符号

　　1. 外形结构

　　如图6-1-1所示。

　　2. 内部结构和符号

　　三极管内部结构分为发射区、基区和集电区,相应的引出电极分别为发射极e、基极b和集电极c。发射区和基区之间的PN结称为发射结,集电区和基区之间的PN结称为集电结。

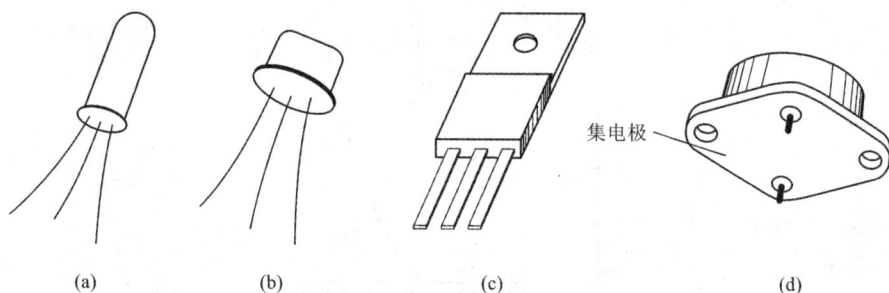

(a)　　　　(b)　　　　(c)　　　　(d)

图6-1-1　三极管的外形结构图

电路符号中，发射极的箭头方向表示三极管在正常工作时发射极正向电流的实际方向。

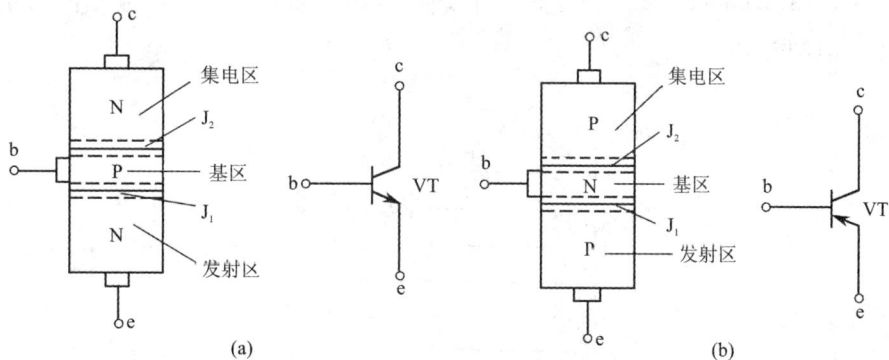

图6-1-2　三极管的结构和符号图

(a)NPN 型；(b)PNP 型

6.1.3　三极管的种类

①按其所用半导体材料不同，分为硅管和锗管；

②按用途不同，分为放大管、开关管和功率管；

③按工作频率不同，分为低频管和高频管；

④按耗散功率大小不同，分为小功率管和大功率管等。

一般硅管多为 NPN 型，锗管多为 PNP 型。

6.1.4　三极管的工作特性

1. 输入特性

由图6-1-3(a)所示的输入特性曲线可以看出：

输入特性曲线是非线性的，也存在一段死区，当外加 U_{BE} 电压小于死区电压时，三极管不能导通，处于截止状态。

三极管正常工作时，U_{BE} 变化不大，对于硅管，U_{BE} 为 0.7 V 左右，锗管为 0.3 V 左右。

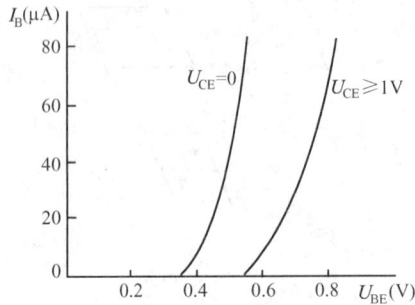

图 6 – 1 – 3(a)   三极管输入特性曲线图

2. 输出特性

由图 6 – 1 – 3(b)所示的输出特性曲线可以看出：三极管有三个不同的工作区，代表三极管三种不同的工作状态。

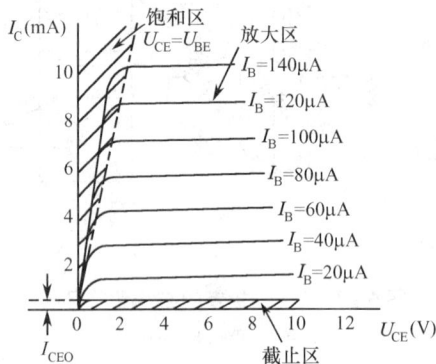

图 6 – 1 – 3(b)   三极管输出特性曲线图

①截止：三极管输出特性曲线中，$I_B = 0$ 的输出特性曲线以下，横轴以上的区域称为截止区。其特点是：发射结和集电结均为反偏，各电极电流很小，相当于一个断开的开关。

②放大：输出特性曲线中，截止区以上平坦段组成的区域称为放大区。其特点是：发射结正偏，集电结反偏。此时 I_C 受控于 I_B；同时 I_C 与 U_{CE} 基本无关，可近似看成恒流。此区内三极管具有电流放大作用。

③饱和：输出特性曲线中，$U_{CE} \leqslant U_{BE}$ 的区域，即曲线的上升段组成的区域称为饱和区。饱和区的特点是发射结和集电结均为正偏。

饱和时的 U_{CE} 称为饱和压降，用 U_{CES} 表示，U_{CES} 很小，一般约为 0.3 V。工作在此区的三极管相当于一个闭合的开关，没有电流放大作用。

6.1.5   三极管的简单检测

1. 常见几种国产三极管管脚图排列

如表 6 – 1 – 1 所示。

表 6 – 1 – 1 常用三极管管脚排列

大功率三极管(金属封装)

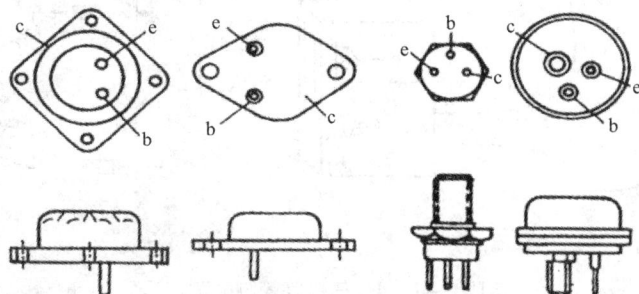

小功率三极管(金属封装)

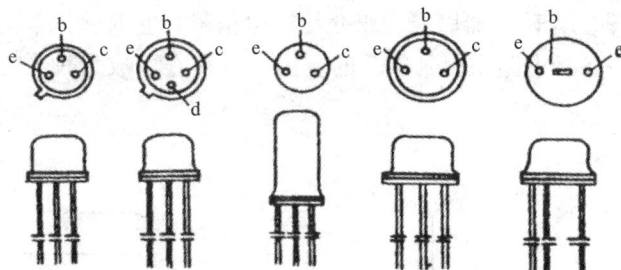

小功率三极管(塑料封装)

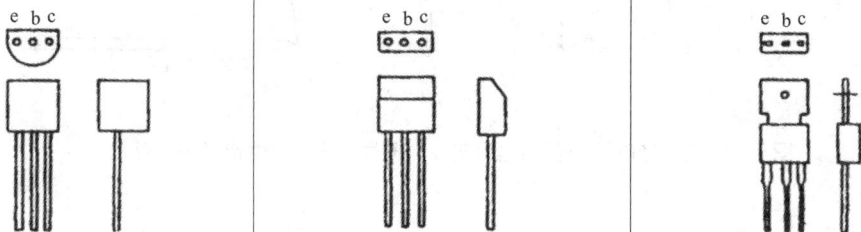

2. 万用表测试三极管

①基极及管型的判别;

②集电极和发射极的判别。

具体测试方法如图 6 – 1 – 4 所示,在实际测试中,常用手指代替 100 kΩ 的电阻。

6.1.6 特殊三极管——光电三极管

光电三极管是以接受光的信号而将其变换为电气信号为目的而制成的晶体管,光照强弱变化时,电极之间的电阻会随之变化,所以也被称为光敏三极管。

从输出特性曲线图 可以看出,光电三极管的入射光强 E 代替普通三极管的 I_B。

光电三极管用于测量光亮度,经常与发光二极管配合使用作为信号接收装置。

光敏三极管的另一个作用是传输信号,光耦合器(optICal coupler,英文缩写为 OC)亦称

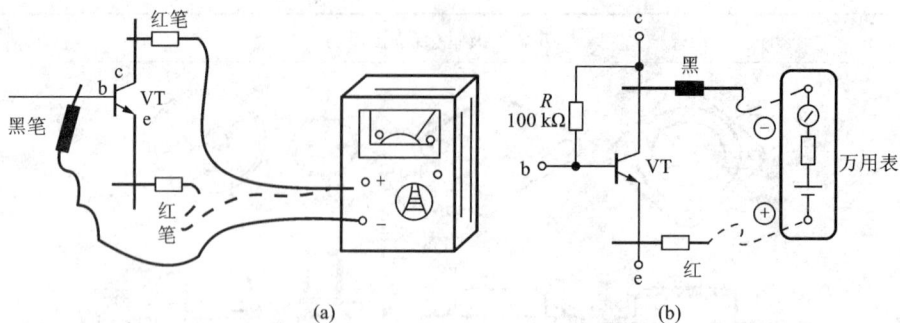

图 6-1-4　三极管管脚的测试

(a)基极的测试;(b)集电极和发射极的测试

光电隔离器,简称光耦。光耦合器以光为媒介传输电信号。它对输入、输出电信号有良好的隔离作用,所以,它在各种电路中得到广泛的应用。目前它已成为种类最多、用途最广的光电器件之一。

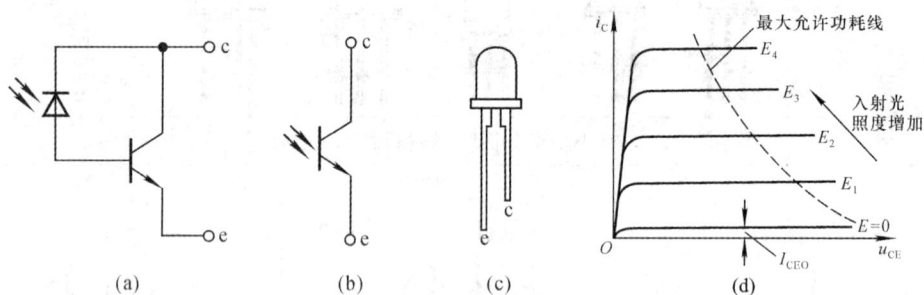

图 6-1-5　光电三极管的等效电路、符号、外形和输出特性曲线图

任务二　三极管的基本放大电路

6.2.1　三极管的电流放大作用

1.三极管放大的条件

三极管实现电流放大的外部偏置条件:发射结正偏,集电结反偏,此时,各电极电位之间的关系是:

NPN 型　　　$U_C > U_B > U_E$

PNP 型　　　$U_C < U_B < U_E$

2.外部电流关系

$$I_E = I_C + I_B$$

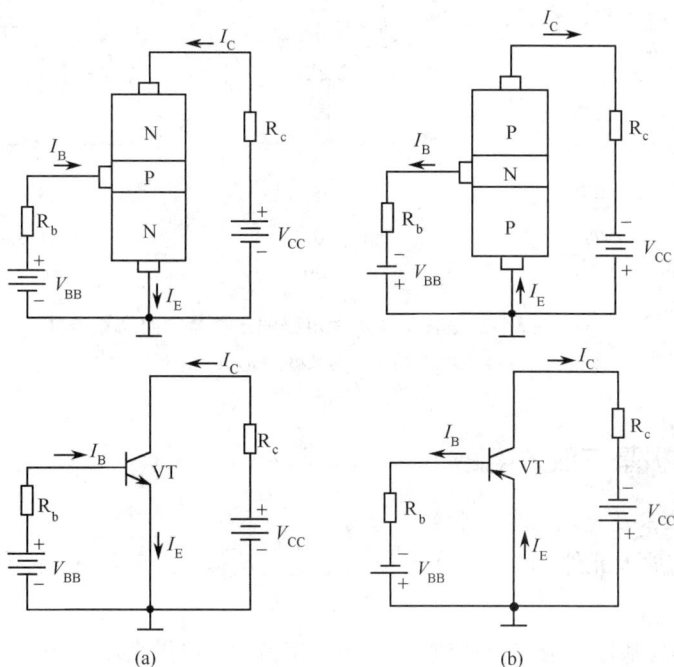

图 6-2-1　三极管放大的外部偏置条件

(a)NPN 管；(b)PNP 管

$$\beta = \frac{I_C}{I_B} = \frac{\Delta I_C}{\Delta I_B} \qquad (\beta \text{ 为三极管的电流放大倍数})$$

6.2.2　基本放大电路的结构

1.基本放大电路的结构框图，如图 6-2-2 所示

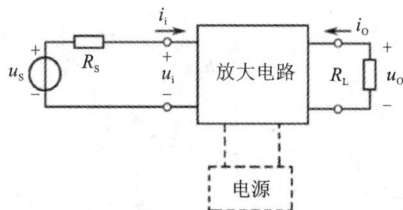

图 6-2-2　基本放大电路的框图

2.放大电路的三种基本接法

根据三极管的结构以及双端电路组成特点，如图 6-2-3 所示，基本放大电路有三种基本接法(组态)，分别称为共发射极、共基极接法和共集电极。其中，共发射极接法更具代表性。

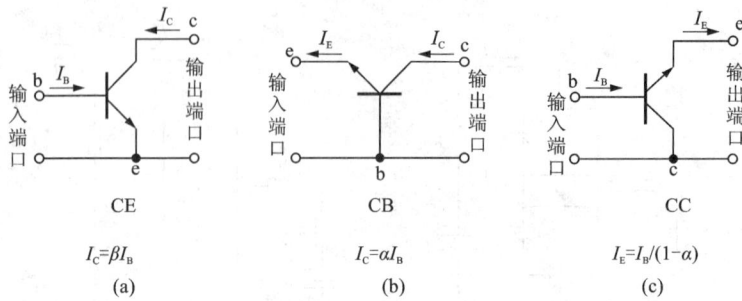

图6-2-3 三极管基本放大电路的三种基本组态置条件

(a)共发射极；(b)共基极；(c)共集电极

6.2.3 共发射极基本放大电路

1.共发射极基本放大电路的结构组成

晶体管 T——放大元件，$i_C = \beta i_B$。要保证集电结反偏，发射结正偏，使晶体管工作在放大区。

基极电源 E_B 与基极电阻 R_B—使发射结处于正偏，并提供大小适当的基极电流。

集电极电源 E_C——为电路提供能量。并保证集电结反偏。

集电极电阻 R_C——将变化的电流转变为变化的电压，将三极管的电流放大转换为电路的电压放大。

耦合电容 C_1, C_2——隔离输入、输出与放大电路直流的联系，同时使信号顺利输入、输出。

简化电路中，将双电源变为单电源，R_B 从 U_{CC} 分压作为 E_B，R_C 从 U_{CC} 分压作为 E_C。可以提高电路的工作稳定性。

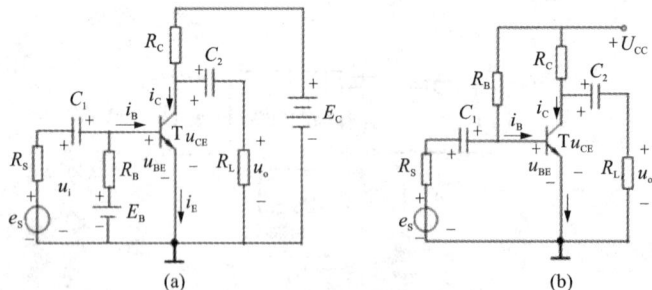

图6-2-4 共发射极基本放大电路图

(a)原始图；(b)简化图

2.共发射极基本放大电路的工作原理

图6-2-5电路中，三极管放大电路中有两个电信号：直流电源 U_{CC}、输入信号(放大对象)u_i。为了得到不失真的波形，在输入信号之前，直流电源 U_{CC} 必须保证三极管处于放大

状态。

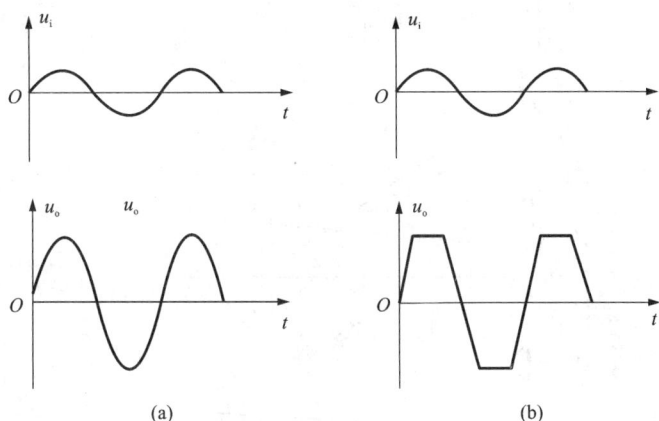

图 6 - 2 - 5 放大器的非线性失真

（a）不失真波形；（b）失真波形

（1）静态分析

静态：放大电路输入端未加交流信号（即 $u_i = 0$）时，电路的工作状态称为直流状态，简称静态。

静态工作点：将静态时 I_B，U_{BE}、I_C、U_{CE} 称为静态工作点，用 Q 表示。

直流通路：静态情况下放大器各电流的通路称为放大器的直流通路。画直流通路的原则是：电容开路，电感短路。如图 6 - 2 - 6 所示。

静态工作点估算：

① $I_B = \dfrac{U_{CC} - U_{BE}}{R_B}$ $\quad I_B \approx \dfrac{U_{CC}}{R_B}$

② $I_C \approx \beta I_B$

③ $U_{CE} = U_{CC} - I_C R_C$

（2）静态工作点的稳定

静态工作点对输出波形的影响如图 6 - 2 - 7 所示。Q 点过高或过低都将产生非线性失真，所以必须设置合适的 Q 点。

当静态工作点位置适当（Q_0）时，输出信号将随输入信号相应变化，无非线性失真。

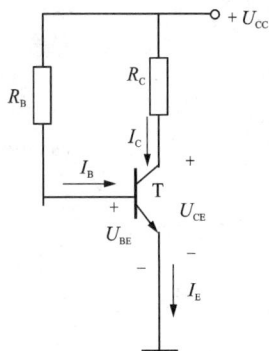

图 6 - 2 - 6 直流通路

在 6 - 2 - 7(b) 图中，若 Q 点位置偏高（Q_1），由于在输入信号正半周的部分时间内三极管工作于饱和状态，使输出电压 $u_o = u_{ce}$ 出现了下平顶失真，这种失真称为饱和失真。

若 Q 点位置偏低（Q_2），由于在输入信号负半周的部分时间内三极管工作于截止状态，使输出电压 $u_o = u_{ce}$ 出现了上平顶失真，这种失真称为截止失真。

有时，尽管静态工作点位置适当（如 Q），但当输入信号幅度过大时，输出信号将会同时出现饱和失真和截止失真，称之为双向失真。

为了稳定静态工作点，一般采用分压式偏置电路，即具有发射极电阻的偏置方式，如

(a)

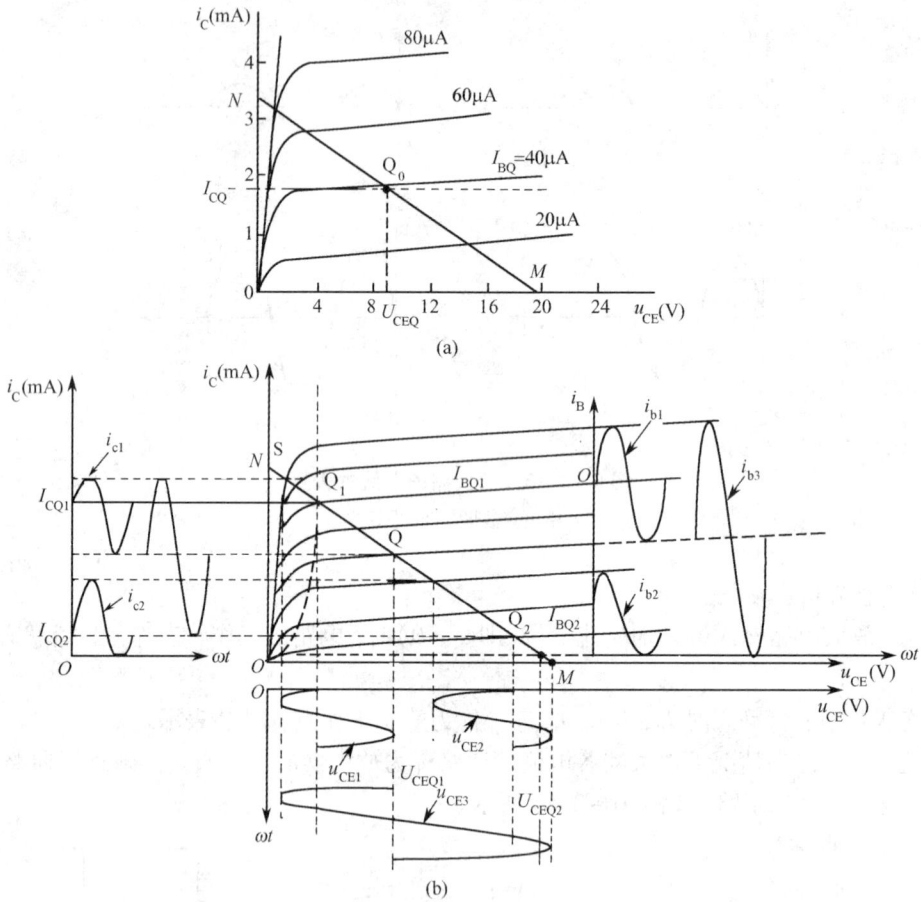

(b)

图 6-2-7 静态工作点的影响

(a)静态工作点的图解表示法;(b)静态工作点对信号波形的影响

图 6-2-8 所示。

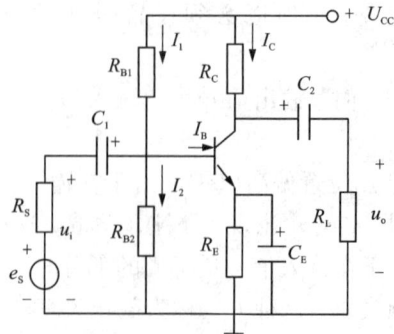

图 6-2-8 分压式偏置电路

该电路的热稳定作用的原理简单表示如下：

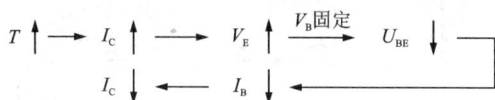

$$T \uparrow \rightarrow I_C \uparrow \rightarrow V_E \uparrow \xrightarrow{V_B \text{固定}} U_{BE} \downarrow$$
$$I_C \downarrow \leftarrow I_B \downarrow \leftarrow$$

（3）动态分析

动态：放大电路输入端加交流信号时，电路的工作状态称为交流状态，简称动态。

交流通路：动态情况下放大器各电流的通路称为放大器的交流通路。画交流通路的原则是：电容短路，电感开路，直流电源短路。如图6-2-9所示。

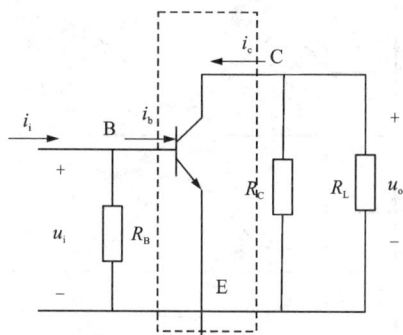

图6-2-9 交流通路

①电压放大倍数 A_u：$A_u = -\beta \dfrac{R_L'}{r_{be}}$（$R_L'$ 为 R_C 与 R_L 的并联总电阻）。

②输入电阻 r_i：r_i 就是向放大电路输入端看进去的等效电阻，r_i 越大，表明放大电路从信号源索取的电流越小，放大电路输入端所得的电压越接近信号源电压，对于电压放大器，要求 r_i 要大。

③输出电阻 r_o：对于负载来说，放大器相当于一个带有内阻的信号源，这个内阻就是输出电阻，r_o 的大小反映了放大器带负载能力的强弱。

（4）工作原理

设输入正弦交流信号为 u_i，则

$$u_{BE} = U_{BE} + u_i$$
$$i_B = I_B + i_b$$
$$i_C = I_C + i_c$$
$$u_{CE} = U_{CC} - i_C \cdot R_C$$

最后，通过隔直电容的作用，u_{CE} 中的交流成分 u_{ce} 到达输出端，形成输出电压 u_o。上述各电流、电压波形如图6-2-10所示。

可以看出：u_o 的幅度远大于 u_i 的幅度，可见该电路将 u_i 进行了放大，且 u_o 与 u_i 的相位相反。所以所谓放大，就是用较小的输入信号去控制较大的输出信号，且输出与输入之间有相应的变化关系。该电路是电压放大电路，而且是"反相"放大。

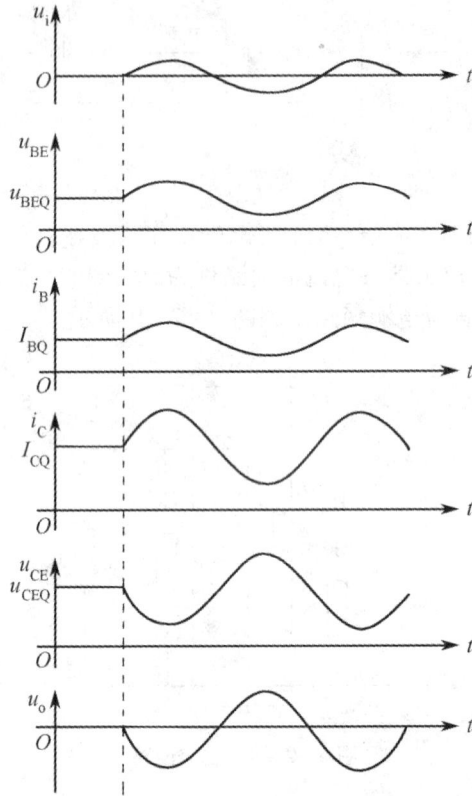

图 6-2-10　共发射极放大电路工作原理波形图

6.2.4　共基极基本放大电路

图 6-2-11(a)中，交流信号从发射极输入，从集电极输出。图 6-2-11(b)为交流通路，由交流通路可看出，三极管的基极为公共端，因此，该电路称为共基极放大电路。

图 6-2-11 中还画出了输出电压波形，从波形图中可以看出，输出信号电压的幅度比输入信号电压的幅度大，具有电压放大作用，且相位相同。

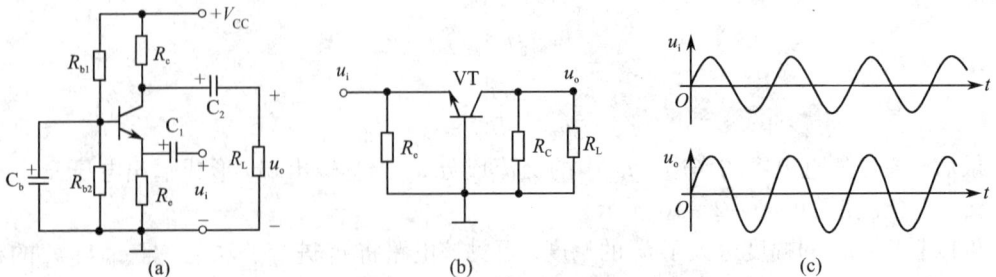

图 6-2-11　共基极放大电路

6.2.5 共集电极基本放大电路

图 6 - 2 - 12(a)中，交流信号从基极输入，发射极输出，故该电路又称为射极输出器。图 6 - 2 - 12(b)为交流通路，可以看出，集电极为交流输入输出的公共端，故称为共集电极放大电路。

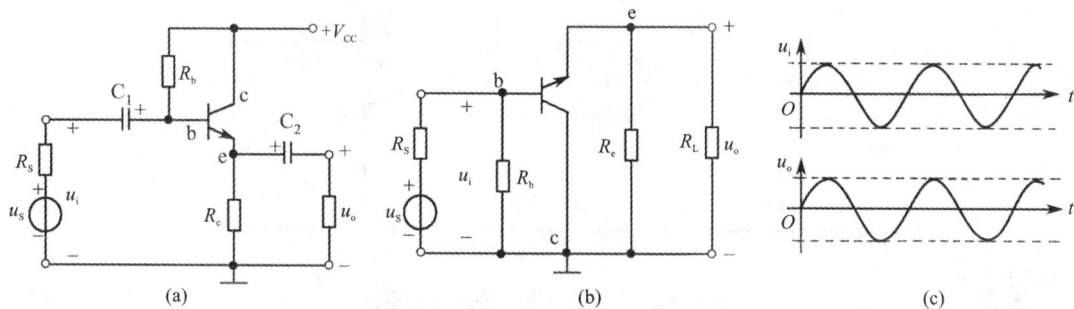

图 6 - 2 - 12　共集电极放大电路

图 6 - 2 - 12(c)为输出信号电压与输入信号电压波形，从图中可以看出，二者幅度大致相等，无电压放大作用，且相位相同。但由于 $i_e \gg i_b$，故该电路具有电流放大作用。

任务三　多级放大电路及反馈

在实际的电子设备中，为了得到足够大的放大倍数或者使输入电阻和输出电阻达到指标要求，一个放大电路往往由多级组成。多级放大电路由输入级、中间级和输出级组成，如图 6 - 3 - 1 所示。于是，可以分别考虑输入级如何与信号源配合，输出级如何满足负载的要求，中间级如何保证放大倍数足够大。各级放大电路可以针对自己的任务来满足技术指标的要求，本任务只讨论由输入级到输出级组成的多级小信号放大电路。

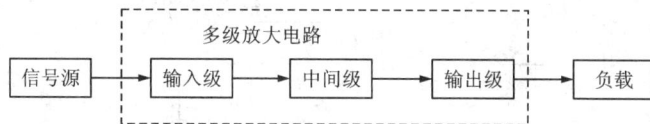

图 6 - 3 - 1　多级放大电路框图

6.3.1 多级放大电路级间耦合方式

多级放大电路是将各单级放大电路联接起来，这种级间联接方式称为耦合。要求前级的输出信号通过耦合不失真地传输到后级的输入端。常见的耦合方式有阻容耦合、变压器耦合及直接耦合三种形式。下面分别介绍三种耦合方式。

1. 阻容耦合

阻容耦合是利用电容器作为耦合元件将前级和后级联接起来。这个电容器称为耦合电容，如图6-3-2所示。第一级的输出信号通过电容器 C_2 和第二级的输入端相联接。

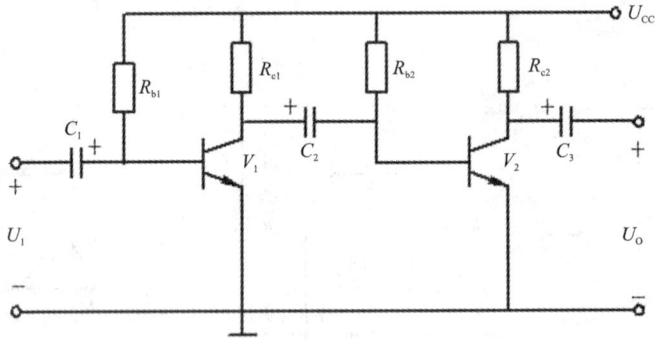

图6-3-2 阻容耦合多级放大电路

阻容耦合的优点是：前级和后级直流通路彼此隔开，每一级的静态工件点相互独立，互不影响。便于分析和设计电路。因此，阻容耦合在多级交流放大电路中得到了广泛应用。

阻容耦合的缺点是：信号在通过耦合电容加到下一级时会大幅衰减，对直流信号(或变化缓慢的信号)很难传输。在集成电路里制造大电容很困难，不利于集成化。所以，阻容耦合只适用于分立元件组成的电路。

2. 变压器耦合

变压器耦合是利用变压器将前级的输出端与后级的输入端联接起来，这种耦合方式称为变压器耦合，如图6-3-3所示。将 V_1 的输出信号经过变压器 T_1 送到 V_2 的基极和发射极之间。V_2 的输出信号经 T_2 耦合到负载 R_L 上。R_{b11}，R_{b12} 和 R_{b21}，R_{b22} 分别为 V_1 管和 V_2 管的偏置电阻，C_{b2} 是 R_{b21} 和 R_{b22} 的旁路电容，用于防止信号被偏置电阻所衰减。

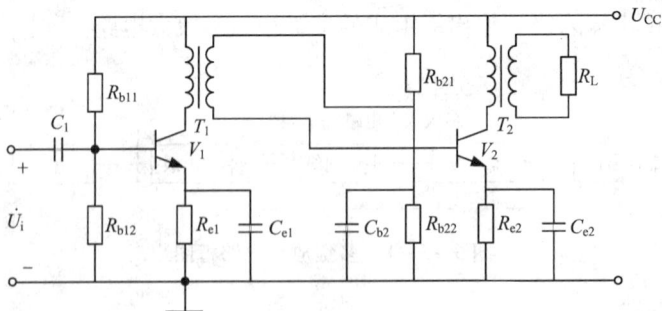

图6-3-3 变压耦合多级放大电路

变压器耦合的优点是：由于变压器不能传输直流信号，且有隔直作用，因此各级静态工作点相互独立，互不影响。变压器在传输信号的同时还能够进行阻抗、电压、电流变换。

变压器耦合的缺点是：体积大、笨重等，不能实现集成化应用。

3. 直接耦合

直接耦合是将前级放大电路和后级放大电路直接相连的耦合方式，这种耦合方式称为直接耦合，如图6-3-4所示。直接耦合所用元件少，体积小，低频特性好，便于集成化。

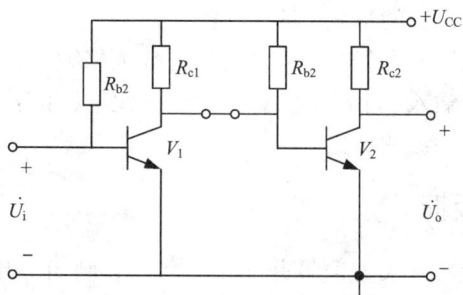

图6-3-4　直接耦合多级放大电路

直接耦合的缺点是：由于失去隔离作用，使前级和后级的直流通路相通，静态电位相互牵制，使得各级静态工作点相互影响。另外还存在着零点漂移现象。现讨论如下：

①静态工作点相互牵制。如图6-3-4所示，不论V_1管集电极电位在耦合前有多高，接入第二级后，被V_2管的基极钳制在0.7 V左右，致使V_2管处于临界饱和状态，导致整个电路无法正常工作。

②零点漂移现象。由于温度变化等原因，使放大电路在输入信号为零时输出信号不为零的现象称为零点漂移。产生零点漂移的主要原因是由于温度变化而引起的。因而，零点漂移的大小主要由温度所决定。

要使用直接耦合的多级放大电路，必须解决静态工作点相互影响和零点漂移问题，解决方法我们将采用差动式放大电路，如图6-3-5所示。

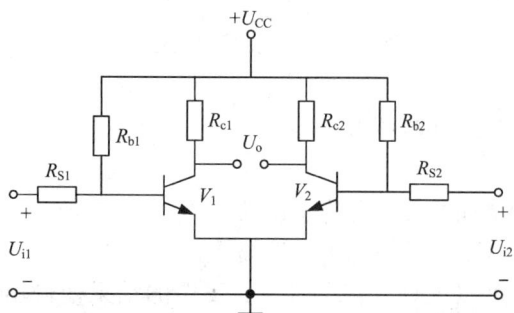

图6-3-5　差动放大电路

抑制零点漂移的原理：在差动式放大电路中，无论是电源电压波动或温度变化都会使两管的集电极电流和集电极电位发生相同的变化，相当于在两输入端加入共模信号。由于电路的完全对称性，使得共模输出电压为零，共模电压放大倍数$A_c=0$，从而抑制了零点漂移。这时电路只放大差模信号。

6.3.2　多级放大电路的放大倍数

多级放大电路中间级级间的相互关系归结为：前级的输出信号为后级的信号源，其输出电阻为信号源内阻，后级的输入电阻为前级的负载电阻。第二级的输入电阻为第一级的负载，第三级的输入电阻为第二级的负载，依次类推。

因此，多级放大电路电压放大倍数为：总的电压放大倍数为各级放大倍数的连乘积。

同理：多级放大电路的输入、输出电阻为：多级放大电路的输入电阻就是第一级的输入电阻，其输出电阻就是最后一级的输出电阻。

6.3.3　放大电路中的反馈

在实际应用中，放大器所放大的信号并非单一频率，例如，语言、音乐信号的频率范围在 20 ~ 20000 Hz，图像信号的频率范围在 0 ~ 6 MHz，还有其他范围。所以，要求放大电路对信号频率范围内的所有频率都具有相同的放大效果，输出才能不失真地重显输入信号。实际电路中存在的电容、电感元件及三极管本身的结电容效应，对交流信号都具有一定的影响。所以，对不同频率具有不同的放大效果。因这种原因所产生的失真称为频率失真。

在电子设备中经常采用反馈的方法来改善电路的性能，以达到预定的指标。

1. 反馈的基本概念

将放大电路的输出量（电压或电流）的一部分或全部，通过一定的方式引回到输入回路来影响输入量（电压或电流）的联接方式，称为反馈。如图 6 - 3 - 6 所示。

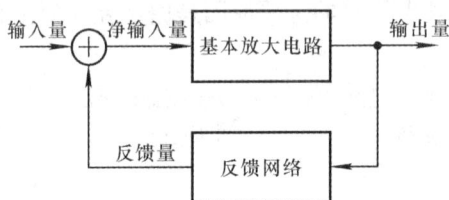

图 6 - 3 - 6　反馈示意框图

2. 反馈的类型及其对放大电路的影响

（1）正反馈和负反馈

使放大电路净输入量增加的反馈称为正反馈。

使放大电路净输入量减少的反馈称为负反馈。

根据输出量的变化也可以区分反馈的极性，反馈的结果使输出量的变化增大的为正反馈，使输出量的变化减小的负反馈。

（2）直流反馈和交流反馈

反馈量只含直流量的称为直流反馈。

反馈量只含交流量的称为交流反馈。

在许多放大电路中，常常是交、直流反馈并存。直流负反馈稳定静态工作点，交流负反馈改善放大电路的许多性能。

（3）电压反馈和电流反馈

反馈信号取自输出电压，或与输出电压成正比的称为电压反馈。

反馈信号取自输出电流，或与输出电流成正比的称为电流反馈。

电压负反馈稳定输出电压，减小电路的输出电阻；电流负反馈稳定输出电流，增大电路的输出电阻。

（4）串联反馈和并联反馈

反馈信号与输入信号在输出回路中以电压形式相加减的称为串联反馈。

反馈信号与输入信号在输出回路中以电流形式相加减的称为并联反馈。

并联负反馈使电路输入电阻减小；串联负反馈使电路输入电阻增大。

3.判断方法

①交流负反馈抑制任何因素引起的输出量的变化，因而使输出稳定。由于输入量的变化也同样受到抑制，所以负反馈放大电路的放大能力要下降。

②反馈量是对输出量的采样，既可能来源于输出电压，又可能来源于输出电流，其数值与输出量成正比。

③负反馈的作用是将输入量与引回的反馈量相减，从而调整电路的净输入量和输出量。

④反馈取自输出电压将使输出电压稳定，反馈量取自输出电流将使输出电流稳定。

⑤在输出端，如果反馈量是取自输出电压则称为电压反馈；如果反馈量是取自输出电流则称为电流反馈。

⑥在输入端，反馈量与输入量以电压方式叠加则称为串联反馈；以电流方式叠加则称为并联反馈。

图6-3-7电路为电流串联交流负反馈电路。

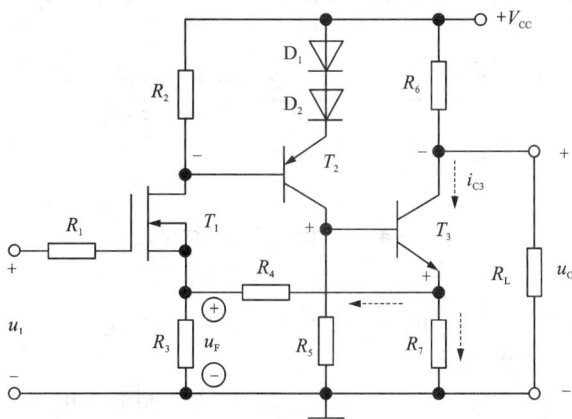

图6-3-7 电流串联交流负反馈

图6-3-8电路为电压并联交流负反馈电路。

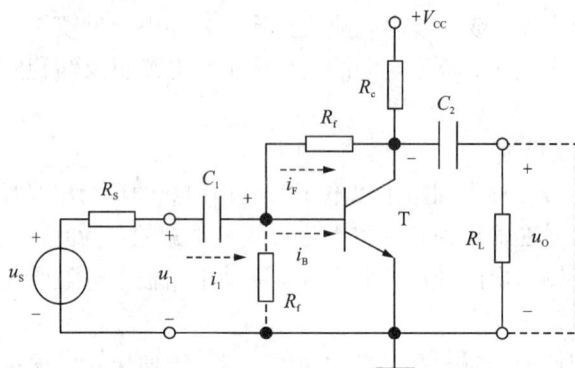

图 6-3-8   电压并联交流负反馈

任务四   集成运算放大器

高增益、高输入电阻、低输出电阻的直接耦合的集成的具有很高电压放大倍数的多级放大电路，称为集成运算放大器，简称集成运放。

6.4.1   集成运放的电路组成

集成运放由输入级、中间级、输出级和偏置电路四部分组成，如图6-4-1所示。

图 6-4-1   集成运放结构框图

①输入级通常要求有尽可能低的零点漂移，较高的共模抑制能力，输入阻抗高及偏置电流小，因此一般采用差分放大电路。

②中间级主要承担电压放大的任务，多采用共射或共源放大电路。为了提高电压放大倍数，经常采用复合管做放大管，用恒流源做有源负载。

③输出级要求具有一定的带负载能力(即输出电阻小)和一定的输出电压及电流动态范围。因此输出级多采用射极输出器、互补对称电路。

④偏置电路用于设置集成运放各级放大电路的静态工作点。一般采用镜像电流源，以及由其演变而成的微电流源、多路输出电流源等。

6.4.2   理想集成运放的符号

分析集成运放应用电路时，把集成运放看成理想运算放大器，可以使分析简化。实际集

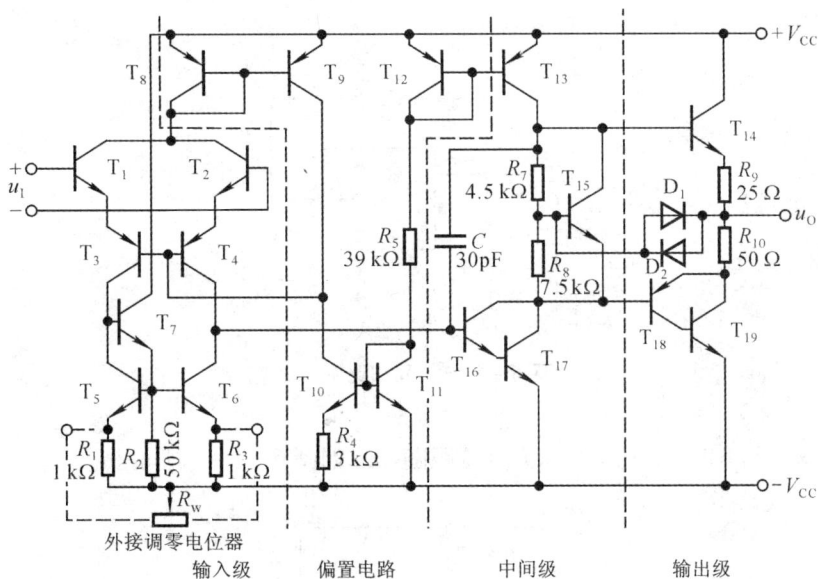

图 6-4-2 典型集成运放电路

成运放绝大部分接近理想运放。理想运放的符号如图 6-4-3 所示。

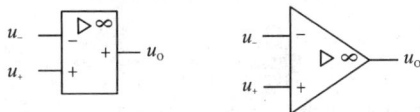

图 6-4-3 理想集成运放符号

6.4.3 运算放大器的基本电路

运算放大器的基本电路有反相输入式、同相输入式两种。反相输入式是指信号由反相端输入，同相输入式是指信号由同相端输入，它们是构成各种运算电路的基础。

1. 反相比例电路：如图 6-4-4 所示

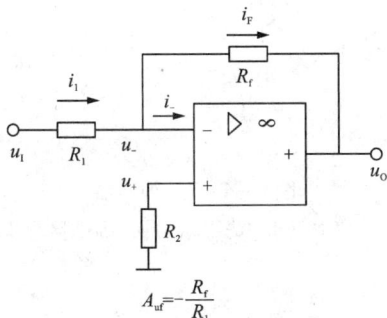

$$A_{uf} = -\frac{R_f}{R_1}$$

图 6-4-4 反相比例电路

2.同相比例电路：如图 6 - 4 - 5 所示

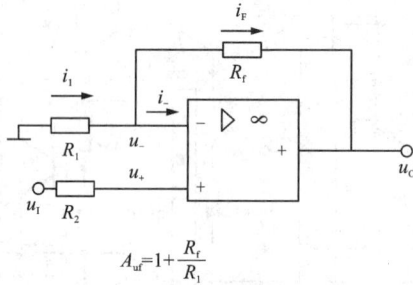

$$A_{uf}=1+\frac{R_f}{R_1}$$

图 6 - 4 - 5　同相比例电路

当 $R_1 = \infty$, $R_f = 0$ 时, $A_{uf} = 1$ 称为电压跟随器。如图 6 - 4 - 6 所示。

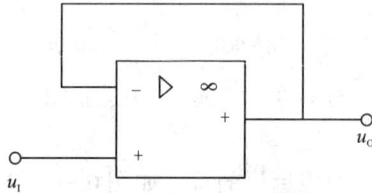

图 6 - 4 - 6　电压跟随器

3.加法器

加法器有同相加法器和反相加法器，如图 6 - 4 - 7。

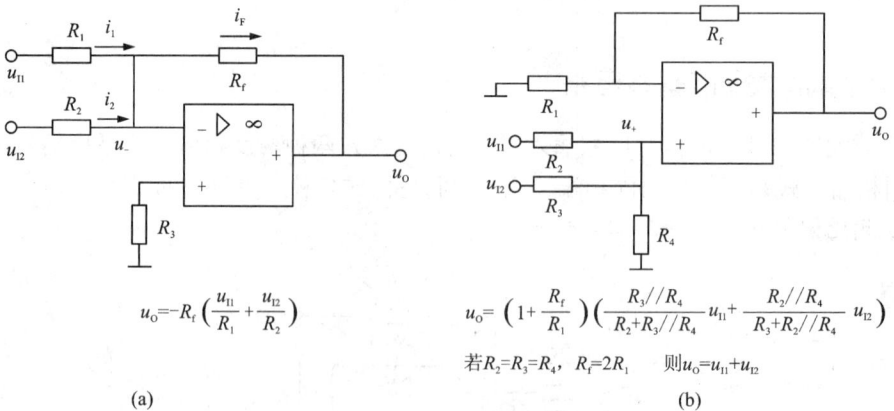

$$u_o=-R_f\left(\frac{u_{I1}}{R_1}+\frac{u_{I2}}{R_2}\right)$$

(a)

$$u_o=\left(1+\frac{R_f}{R_1}\right)\left(\frac{R_3//R_4}{R_2+R_3//R_4}u_{I1}+\frac{R_2//R_4}{R_3+R_2//R_4}u_{I2}\right)$$

若 $R_2=R_3=R_4$, $R_f=2R_1$ 　　则 $u_o=u_{I1}+u_{I2}$

(b)

图 6 - 4 - 7　加法器

（a）反相加法器；（b）同相加法器

4.减法器

如图 6 - 4 - 8 所示。

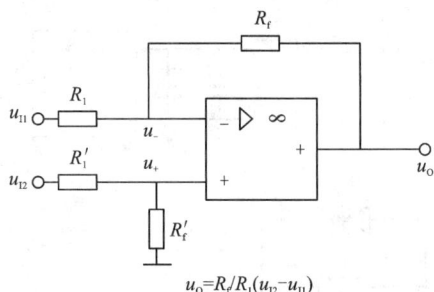

$u_o=R_f/R_1(u_{I2}-u_{I1})$

图6-4-8　减法器

5. 微、积分电路

如图6-4-9所示。

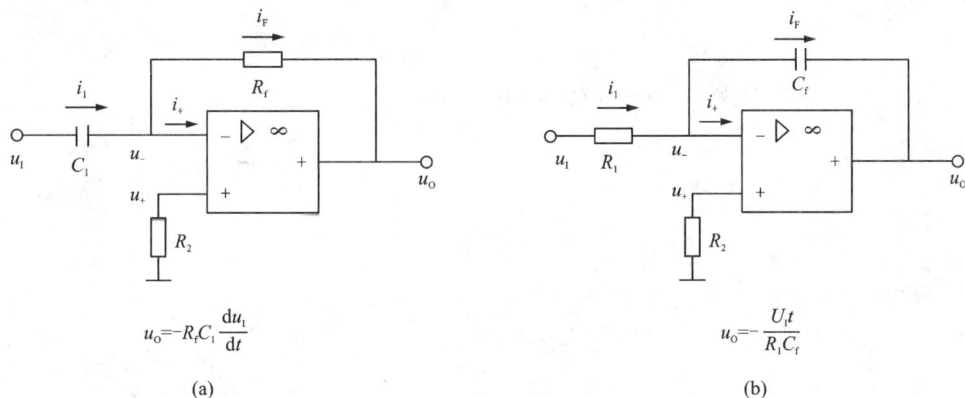

$u_o=-R_fC_1\dfrac{du_I}{dt}$

(a)

$u_o=-\dfrac{U_It}{R_1C_f}$

(b)

图6-4-9　微、积分电路

(a)微分电路；(b)积分电路器

集成运放在使用时由于输入、输出电压过大，输出短路及电源极性接反等原因会造成集成运放损坏，因此需要采取保护措施。为防止输入差模或共模电压过高损坏集成运放的输入级，可在集成运放的输入端并接极性相反的两个二极管，从而使输入电压的幅度限制在二极管的正向导通电压之内，如图6-4-10(a)所示。

为了防止输出级被击穿，可采用图6-4-10(b)所示保护电路。输出正常时双向稳压管未被击穿，相当于开路，对电路没有影响。当输出电压大于双向稳压管的稳压值时，稳压管被击穿。减小了反馈电阻，负反馈加深，将输出电压限制在双向稳压管的稳压范围内。

为了防止电源极性接反，在正、负电源回路顺接二极管。若电源极性接反，二极管截止，相当于电源断开，起到了保护作用，如图6-4-10(c)所示。

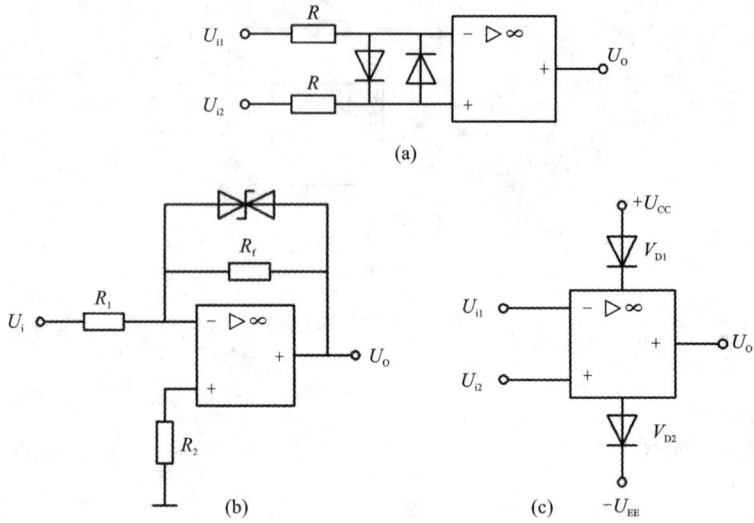

图 6 - 4 - 10 保护措施

(a)输入保护电路; (b)输出保护电路; (c)电源反接保护电路

项目七　数字电路

【学习目标】

❋懂得数字电路的基本概念

❋了解数制及其相互转换

❋懂得基本逻辑关系及运算

❋掌握基本门电路及其应用

❋懂得组合逻辑电路基本特点以及
学会分析、设计组合逻辑电路

❋掌握时序逻辑电路的特点

❋懂得几种常用触发器：RS 触发器、JK 触
发器、D 触发器、T 触发器的逻辑功能

❋学会触发器的应用：寄存器、计数器

❋学会 555 定时计数器及多谐振荡器

❋懂得数字电路在汽车电路中的应用

任务一　数字电路基础知识

7.1.1　数字电路基本概念

1. 数字信号

电信号：指随时间变化的电压和电流。

模拟信号：在时间和幅值上都为连续的信号。

数字信号：在时间和幅值上都为离散的信号。

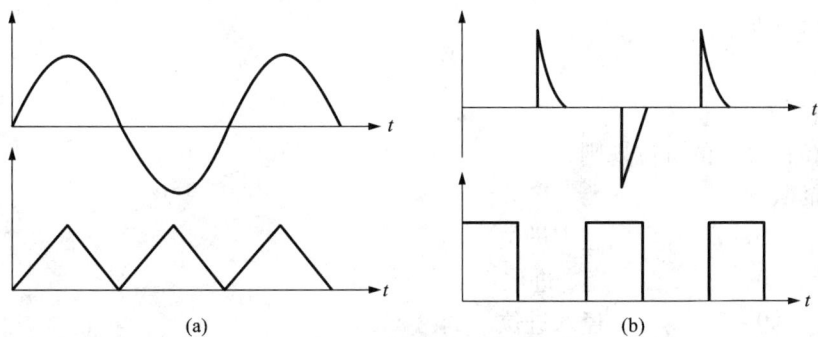

(a)　　　　　　　　　　　(b)

图 7 - 1 - 1　模拟信号和数字信号

(a)模拟信号；(b)数字信号

2.数字电路

模拟电路:传输和处理模拟信号的电路称为模拟电路。如整流电路、放大电路等,注重研究的是输入和输出信号间的大小及相位关系。在模拟电路中,晶体管三极管通常工作在放大区。

数字电路:传输和处理数字信号的电路称为数字电路,它注重研究的是输入、输出信号之间的逻辑关系。在数字电路中,晶体管一般工作在截止区和饱和区,起开关的作用。

与模拟信号相比,数字信号有以下特点:

①数字电路的基本工作信号是用1和0表示的二进制的数字信号,反映在电路上就是高电平和低电平。

②晶体管处于开关工作状态,抗干扰能力强、精度高。

③通用性强。结构简单、容易制造,便于集成及系列化生产。

④具有"逻辑思维"能力。数字电路能对输入的数字信号进行各种算术运算和逻辑运算、逻辑判断,故又称为数字逻辑电路。

3.数字电路分类:按电路功能分

组合逻辑电路:电路的输出信号只与当时的输入信号有关,而与电路原来的状态无关。

时序逻辑电路:电路的输出信号不仅与当时的输入信号有关,而且还与电路原来的状态有关。

7.1.2 正逻辑和负逻辑

数字信号是一种二值信号,用两个电平(高电平和低电平)分别来表示两个逻辑值(逻辑1和逻辑0)。

有两种逻辑体制:

正逻辑体制规定:高电平为逻辑1,低电平为逻辑0。

负逻辑体制规定:低电平为逻辑1,高电平为逻辑0。

一般情况下默认为正逻辑。

7.1.3 数制

为了适应不同的场合需求及运算,采用不同的数制,比如数字电路中只有0和1两种信号,所以采用二进制。

数制:

①每一位的构成;

②从低位向高位的进位规则。

1.常用的数制

十进制   0～9   逢十进位

二进制   0,1   逢二进位

八进制   0～7   逢八进位

十六进制 0～9,A,B,C,D,E,F   逢十六进位

2.数制之间的相互转换

(1)二进制(八进制、十六进制)转换成十进制

例1 将二进制数 10011.101 转换成十进制数。

解 将每一位二进制数乘以位权，然后相加，可得

$$(10011.101)B = 1 \times 2^4 + 0 \times 2^3 + 0 \times 2^2 + 1 \times 2^1 + 1 \times 2^0 + 1 \times 2^{-1} + 0 \times 2^{-2} + 1 \times 2^{-3}$$
$$= (19.625)D$$

（2）十进制转换成二进制

例2 将十进制数 23 转换成二进制数。

解 用"除2取余"法转换：

则 $(23)D = (10111)B$

（3）二进制转换与十六进制间的转换

十六进制转换为二进制正好和上述过程相反；八进制和二进制之间的相互转换与此类似，只是将"四位一组"改为"三为一组"。

3. 二进制数算术运算

（1）算术运算

二进制数的 0/1 可以表示数量，进行加，减，乘，除……等运算。

（2）二进制数的正、负号也是用 0/1 表示的。

在定点运算中，最高位为符号位（0 为正，1 为负）

如 $+89 = (0 \quad 1011001)$
$$-89 = (1 \quad 1011001)$$

7.1.4 基本逻辑运算

1. 基本概念

逻辑：事物的因果关系。

逻辑运算的数学基础：逻辑代数。

在二值逻辑中的变量取值：0/1。

逻辑代数中的变量称为逻辑变量，用字母 A，B，C，…表示。其取值只有 0 或者 1 两种。

这里的 0 和 1 不代表数量大小，而表示两种不同的逻辑状态，如，电平的高、低；晶体管的导通、截止；事件的真、假等等。

2.逻辑代数中的三种基本运算

如图 7－1－2 所示，以 $A=1$ 表示开关 A 合上，$A=0$ 表示开关 A 断开；

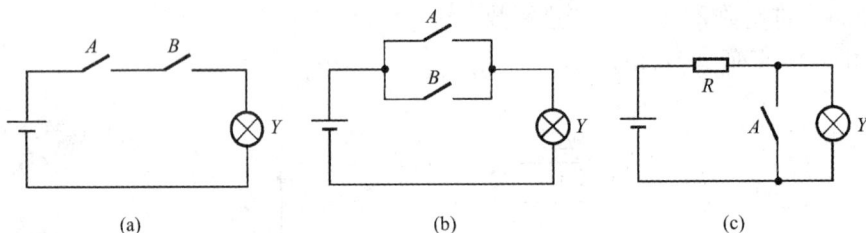

(a)　　　(b)　　　(c)

图 7－1－2　与、或、非逻辑

以 $Y=1$ 表示灯亮，$Y=0$ 表示等不亮；

三种电路的因果关系不同：

①"与"逻辑：条件同时具备，结果发生。

$$Y=A \text{ AND } B=A\&B=A \cdot B=AB$$

②"或"逻辑：条件之一具备，结果发生。

$$Y=A \text{ OR } B=A+B$$

③"非"逻辑：条件不具备，结果发生。

$$Y=\bar{A}=\text{NOT}A$$

7.1.5　三种基本逻辑门电路

逻辑门电路：用以实现基本和常用逻辑运算的电子电路，简称门电路。所谓门就是一种开关，它能按照一定的条件去控制信号的通过或不通过。门电路的输入和输出之间存在一定的逻辑关系(因果关系)，所以门电路又称为逻辑门电路。

对应三种基本逻辑运算，有三种最基本的逻辑门电路：与门、或门、非门。

1.与门

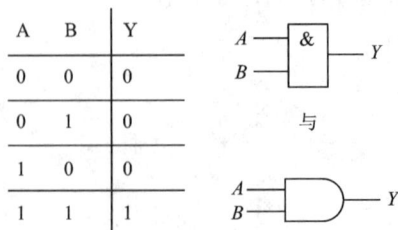

图 7－1－3　与门的真值表、符号

2.或门

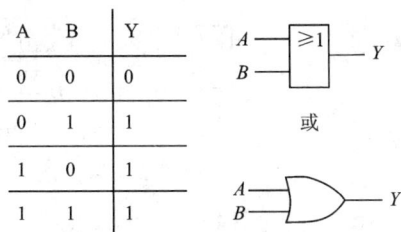

图 7-1-4　或门的真值表、符号

3.非门

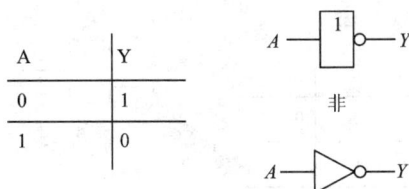

图 7-1-5　非门的真值表、符号

与门、或门的输入至少两个及两个以上,非门的输入只有一个,门电路的输出都只有一个;与门、或门、非门是所有数字电路的组成基础,数字电路利于集成,所以常用的门电路及数字电路都是集成电路,大家只要掌握它的基本电路符号、逻辑关系(真值表)、表达式。

由逻辑函数表达式转换成真值表时,将输入变量取值的所有组合状态逐一代入逻辑表达式求出函数值,列成表,即可得到真值表。

7.1.6　几种复合逻辑运算

由与门、或门、非门可以自由组合,形成常用的几种复合逻辑运算、逻辑符号,为数字电路的结构提供更多的便利。

①与非;

②或非;

③与或非;

④异或;

⑤同或。

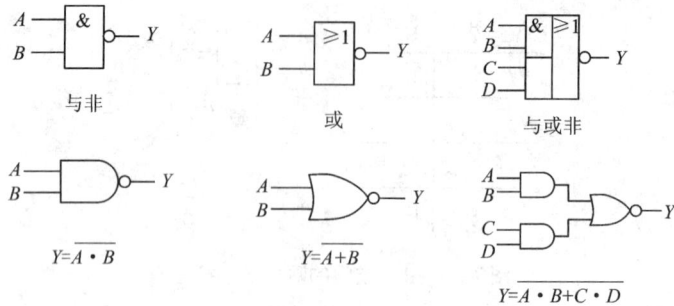

图 7 - 1 - 6　与非、或非、与或非

$$Y=\overline{A \cdot B}$$
$$Y=\overline{A+B}$$
$$Y=\overline{A \cdot B + C \cdot D}$$

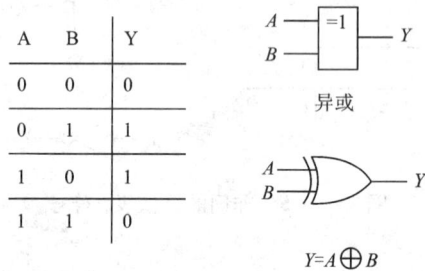

A	B	Y
0	0	0
0	1	1
1	0	1
1	1	0

异或

$$Y=A \oplus B$$

图 7 - 1 - 7　异或

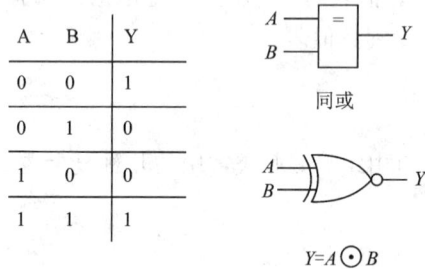

A	B	Y
0	0	1
0	1	0
1	0	0
1	1	1

同或

$$Y=A \odot B$$

图 7 - 1 - 8　同或

任务二　组合逻辑电路

数字电路按照逻辑功能可以分为组合逻辑电路(CombINational Logic Circuit)和时序逻辑电路(Sequential Logic Circuit)两大类。组合逻辑电路简称组合电路,时序逻辑电路简称时序电路。在比较复杂的数字系统中,通常既包含组合逻辑电路又包含时序逻辑电路。本任务主要讨论组合逻辑电路。

7.2.1　组合逻辑电路的特点

①所谓的组合逻辑电路是指,任意时刻的输出现状态取决于该时刻输入信号的状态,而与信号作用之前电路的状态无关。

②电路不包含有记忆性的元件,组合逻辑电路在结构上也不存在输出到输入的反馈通路。

③组合电路通常是由各种门电路构成。

7.2.2　组合逻辑电路的分析

1.逻辑电路的分析过程

①根据逻辑图从电路的输入到输出逐级写出逻辑表达式,得到表示输出与输入关系的逻辑表达式。

②利用公式化简法或卡诺图化简法将得到的表达式化简或变换。有时为了使电路的逻辑功能更加直观,还需要列出输出与输入之间的逻辑真值表。

③根据函数表达式或逻辑真值表确定组合电路的逻辑功能。

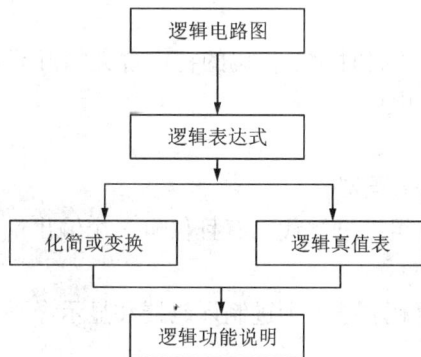

图7-2-1　组合逻辑电路的分析过程框图

如:分析图7-2-2组合逻辑电路的逻辑功能。

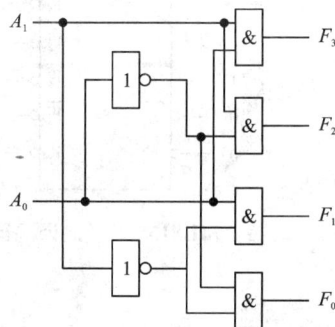

图7-2-2　组合逻辑电路

（1）写出逻辑表达式

$$F_0 = \overline{A_1}\,\overline{A_0} \qquad F_1 = \overline{A_1}A_0 \qquad F_2 = A_1\overline{A_0} \qquad F_3 = A_1 A_0$$

（2）列出真值表

A_1	A_0	F_0	F_1	F_2	F_3
0	0	1	0	0	0
0	1	0	1	0	0
1	0	0	0	1	0
1	1	0	0	0	1

（3）确定逻辑功能：

由真值表看出

$A_1 A_0 = 00$ 时，$F_0 = 1$，其余为 0

$A_1 A_0 = 01$ 时，$F_1 = 1$，其余为 0

$A_1 A_0 = 10$ 时，$F_2 = 1$，其余为 0

$A_1 A_0 = 11$ 时，$F_3 = 1$，其余为 0

说明有效电平为高电平，且由输出状态便知道输入代码值，此种功能称为译码功能。

2. 译码器

译码：编码的逆过程，将编码时赋予代码的特定含义"翻译"出来。

译码器：实现译码功能的电路。

译码输入：n 位二进制代码。

译码输出：m 位输出信号 $m = 2^n$。

译码规则：对应输入的一组二进制代码有且仅有一个输出端为有效电平，其余输出端为相反电平。

常用的译码器有二进制译码器、二十进制译码器和显示译码器等。

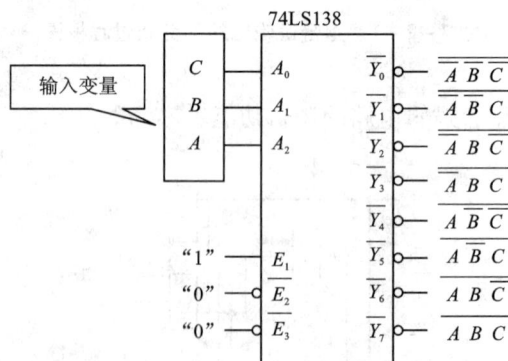

图 7 - 2 - 3   74LS138 二进制译码器

7.2.3　组合逻辑电路的设计

1.组合逻辑电路的设计过程

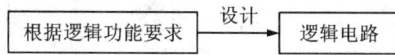

```
根据逻辑功能要求 ──设计──→ 逻辑电路
```

①由逻辑要求，列出逻辑状态表；
②由逻辑状态表写出逻辑表达式；
③简化和变换逻辑表达式；
④画出逻辑图。
如：设计三人表决电路，多数人同意，通过；否则不通过。
①根据逻辑要求列状态表。

A	B	C	F
0	0	0	0
0	0	1	0
0	1	0	0
0	1	1	1
1	0	0	0
1	0	1	1
1	1	0	1
1	1	1	1

设 A、B、C 分别表示三人态度：同意为"1"，
不同意为"0"；输出为 F，多数赞成时是"1"，
否则是"0"。

②由状态表写出逻辑式。

$$F = \bar{A}BC + A\,\bar{B}C + AB\,\bar{C} + ABC$$

③化简逻辑式可得：

$$F = AB + C + CA$$

④根据逻辑表达式画出逻辑图。

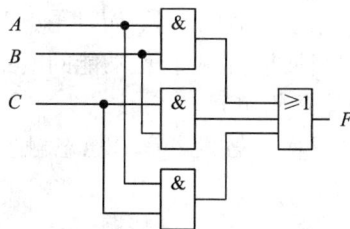

2. 编码器

把二进制码按一定规律编排，使每组代码具有一特定的含义，称为编码。编码与译码是互逆的过程。

具有编码功能的逻辑电路称为编码器。

n 位二进制代码有 2^n 种组合，可以表示 2^n 个信息。要表示 N 个信息所需的二进制代码应满足 $2^n \geqslant N$。

二进制编码器：将输入信号编成二进制代码的电路。

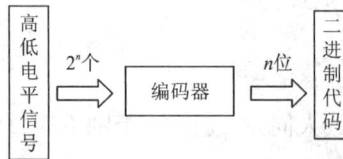

74LS148 优先编码器管脚图：

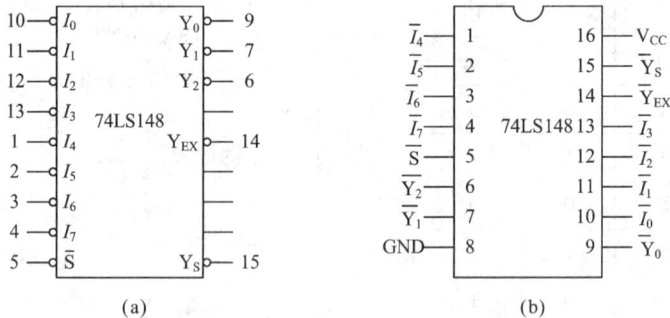

(a)   (b)

图 7 - 2 - 4   74LS148 二进制编码器

任务三   时序逻辑电路

7.3.1   时序逻辑电路的特点

电路的输出状态不仅取决于当时的输入信号，而且与电路原来的状态有关，当输入信号消失后，电路状态仍维持不变。这种具有存贮记忆功能的电路称为时序逻辑电路。

触发器是构成时序电路的基本逻辑单元。

触发器按逻辑功能可分为：双稳态触发器、单稳态触发器、无稳态触发器（多谐振荡器）。

7.3.2   双稳态触发器

双稳态触发器：是一种具有记忆功能的逻辑单元电路，它能储存一位二进制码。双稳态触发器中又包含 RS 触发器、JK 触发器、D 触发器和 T 触发器等。

特点：

①有两个稳定状态"0"态和"1"态；

②能根据输入信号将触发器置成"0"或"1"态；

③输入信号消失后，被置成的"0"或"1"态能保存下来，即具有记忆功能。

1. 基本 RS 触发器

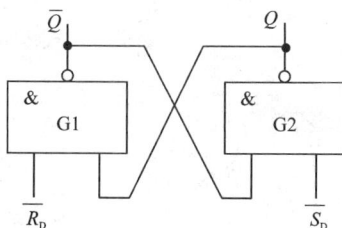

图 7 - 3 - 1　基本 RS 触发器

（1）输入 $\overline{S}_D = 0$，$\overline{R}_D = 1$ 时

若原状态：$Q = 0$，$\overline{Q} = 1$

新态(次态)输出变为：$Q = 1$，$\overline{Q} = 0$

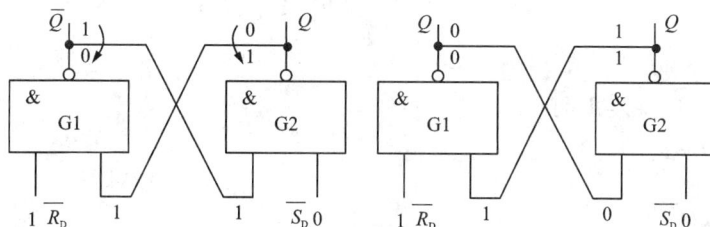

若原状态：$Q = 1$，$\overline{Q} = 0$

新态(次态)输出也为：$Q = 1$，$\overline{Q} = 0$

（2）输入 $\overline{S}_D = 1$，$\overline{R}_D = 0$ 时

若原状态：$Q = 0$，$\overline{Q} = 1$

新态(次态)输出变为：$Q = 0$，$\overline{Q} = 1$

若原状态：$Q = 1$，$\overline{Q} = 0$

新态(次态)输出也为：$Q = 0$，$\overline{Q} = 1$

$\overline{R}_D \longrightarrow$ 直接复位端(RESET)

$\overline{S}_D \longrightarrow$ 直接置位端(SET)

（3）输入 $\overline{R}_D = 1$，$\overline{S}_D = 1$ 时

若原状态：$Q = 1$，$\overline{Q} = 0$

输出保持原状态：$Q = 1$，$\overline{Q} = 0$

若原状态：$Q = 0$，$Q = 1$

新态（次态）输出变为：$Q = 0$，$\overline{Q} = 1$

（4）输入 $\overline{R}_D = 1$，$\overline{S}_D = 1$ 时

若原状态：$Q = 1$，$\overline{Q} = 0$

输出保持原状态：$Q = 1$，$\overline{Q} = 1$

若原状态：$Q = 0$，$\overline{Q} = 1$

新态（次态）输出变为：$Q = 1$，$\overline{Q} = 1$

同时变为 1 时，速度快的门输出先变为 0，另一个不变。输出状态由偶然因素决定。输入 $\overline{R}_D = 0$，$\overline{S}_D = 0$ 时，基本 RS 触发器的输出不定，属于禁止出现的状态。

结论：基本 RS 触发器的符号和功能表（真值表）：

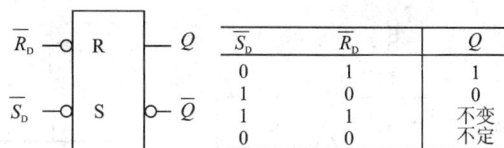

$\overline{S_D}$	$\overline{R_D}$	Q
0	1	1
1	0	0
1	1	不变
0	0	不定

反映触发器输入信号取值和状态之间对应关系的波形图：

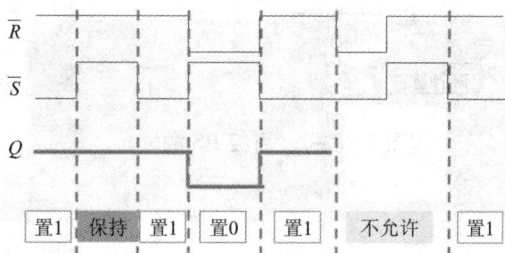

①触发器的次态不仅与输入信号状态有关，而且与触发器的现态有关。（记忆）

②电路具有两个稳定状态（双稳态），在无外来触发信号作用时，电路将保持原状态不变。

③在外加触发信号有效时，电路可以触发翻转，实现置0或置1。

④在稳定状态下两个输出端的状态和必须是互补关系，即有约束条件。

在数字电路中，凡根据输入信号R，S情况的不同，具有置0、置1和保持功能的电路，都称为RS触发器。

2. 可控RS触发器

基本RS触发器，只要输入信号R，S触发就有输出，就好比我们平时上课的时候，老师和学生分别代表R，S，如果只要老师来了，学生在教室了，就开始上课，那么就会发生混乱现象，如有的老师或学生早到，有的老师或学生晚到。所以为了避免这种混乱，我们学校统一以上课下课铃声为准。

可控RS触发器，就是在基本RS触发器的基础上，增加了避免混乱现象的"铃声"，即时钟脉冲信号CP。

可控RS触发器的电路组成及符号如图7-3-2所示。

①可控RS触发器必须在CP脉冲有效的情况下才工作，即输出才会随输入R和S变化。如图7-3-2中CP脉冲为高电平有效，当CP为低电平时，R和S不起作用，输出保持原来的状态。如图7-3-3所示。

②当$CP=1$时，触发器状态由R，S输入状态决定。

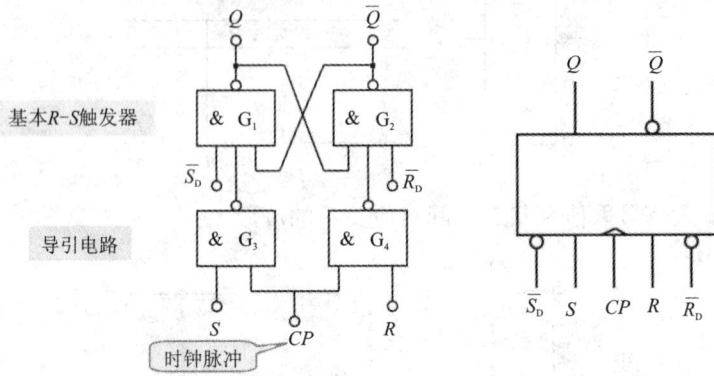

图 7 – 3 – 2 可控 RS 触发器

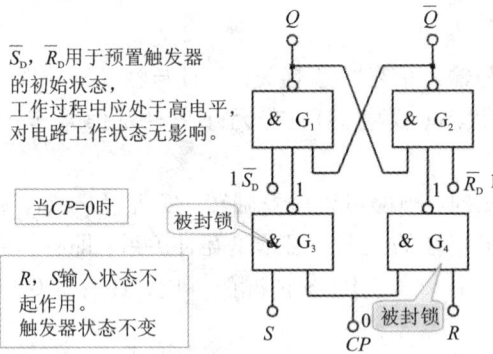

图 7 – 3 – 3 可控 RS 触发器 CP 为低电平时

当 $S=0$, $R=0$：触发器保持原态。

当 $S=0$, $R=1$：触发器置"0"。

当 $S=1$, $R=0$：触发器置"1"。

当 $S=1$, $R=1$：触发器不定。

Q_n—时钟到来前触发器的状态。

Q_{n+1}—时钟到来后触发器的状态。

可控 $R-S$ 触发器的输入与输出的波形关系图：

S	R	Q_{n+1}
0	0	Q_n
0	1	0
1	0	1
1	1	不定

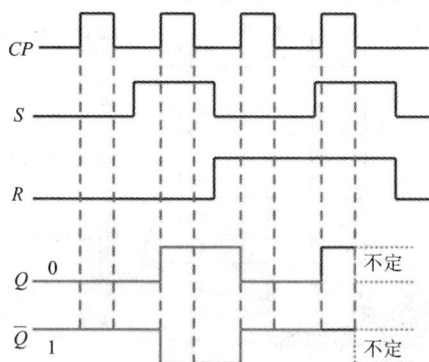

结论：可控 RS 触发器输出的变化发生在 CP 信号高电平期间；除了具有置位、复位和保持功能之外，还可对输入的时钟脉冲进行计数。

可控 RS 触发器存在的问题：时钟脉冲不能过宽，否则出现空翻现象，即在一个时钟脉冲期间触发器翻转一次以上。

克服办法：采用 JK 触发器。

3. 主从 JK 触发器

主从 JK 触发器的电路图和逻辑符号如图 7-3-4 所示。该电路及符号中，时钟脉冲信号 CP 为下降沿有效。

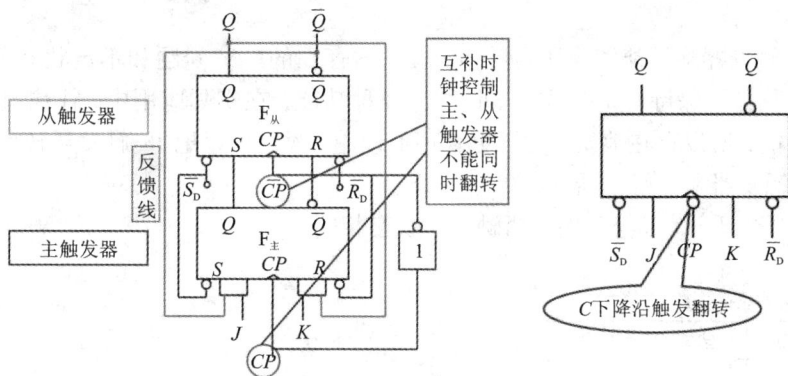

图 7-3-4　主从 JK 触发器电路图、逻辑符号

$\overline{S}_D$、$\overline{R}_D$ 为直接置 1、置 0 端，不受时钟控制，低电平有效，触发器工作时 S_D、R_D 应接高电平。

JK 触发器也是在时钟脉冲的指导下进行工作，在 CP 脉冲无效时，输出状态保持原状态不变，在 CP 有效（下降沿或上升沿）时，JK 触发器状态表如下：

J	K	Q_n	Q_{n+1}	
0	0	0	0	$\left.\right\}Q_n$ （保持功能）
		1	1	
0	1	0	0	$\left.\right\}0$ （置"0"功能）
		1	0	
1	0	0	1	$\left.\right\}1$ （置"1"功能）
		1	1	
1	1	0	1	$\left.\right\}\overline{Q}_n$ （计数功能）
		1	0	

JK 触发器输入与输出的关系波形图：

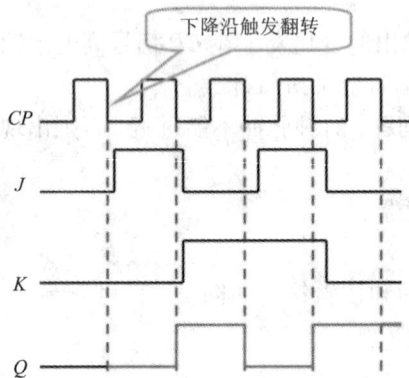

结论：JK 触发器除了能够克服可控 RS 触发器存在的脉宽问题和不定状态的问题之外，还使得触发器具备了保持、置0、置1、计数等四种功能，在实际应用中，往往只需要用到其中的一两种功能，所以存在浪费，为了更合理地使用，我们可以把 JK 触发器转换为两种常用的触发器：D 触发器和 T 触发器。

D 触发器：当 $J=D$，$K=D$ 时，两触发器状态相同。

D触发器状态表

D	Q_{n+1}
0	0
1	1

JK触发器状态表

J	K	Q_{n+1}
0	0	Q_n
0	1	0
1	0	1
1	1	$\overline{Q}_n$

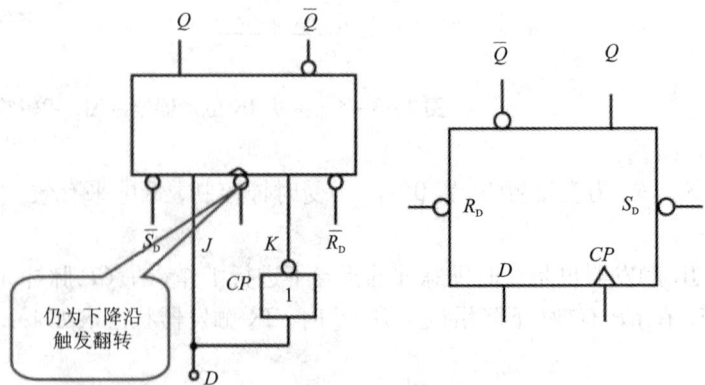

图 7 - 3 - 5　D 触发器逻辑符号、状态表

T触发器：当 $J = K$ 时，两触发器状态相同。

T触发器状态表

T	Q_{n+1}	
0	Q_n	(保持功能)
1	$\overline{Q_n}$	(计数功能)

JK触发器状态表

J	K	Q_{n+1}
0	0	Q_n
0	1	0
1	0	1
1	1	$\overline{Q_n}$

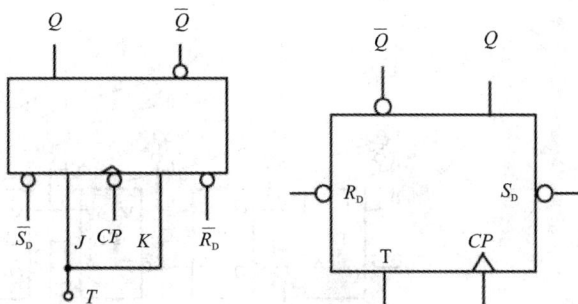

图 7 – 3 – 6　T触发器逻辑符号、状态表

触发器是时序电路的组成基础，是小单元的时序电路。根据触发器的功能特点，日常生活中触发器的应用有寄存器和计数器等。

7.3.3　寄存器

寄存器是数字系统常用的逻辑部件，它用来存放数码或指令等。它由触发器和门电路组成。一个触发器只能存放一位二进制数，存放 n 位二进制时，要 n 个触发器。

按功能分为：数码寄存器和移位寄存器。

1. 一步(单拍)接收4位数据寄存器

仅有寄存数码的功能。通常由 D 触发器或 RS 触发器组成。如图 7 – 3 – 7 所示。

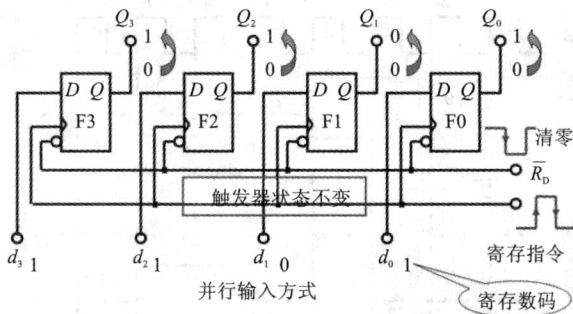

图 7 – 3 – 7　一步(单拍)接收4位数据寄存器

2. 移位寄存器

不仅能寄存数码，还有移位的功能。所谓移位，就是每来一个移位脉冲，寄存器中所寄存的数据就向左或向右顺序移动一位。

按移位方式分类：单向移位寄存器、双向移位寄存器。

(1)4 位左移寄存器

数据依次向左移动,称左移寄存器,输入方式为串行输入。再输入四个移位脉冲,1011 由高位至低位依次从 $Q3$ 端输出。

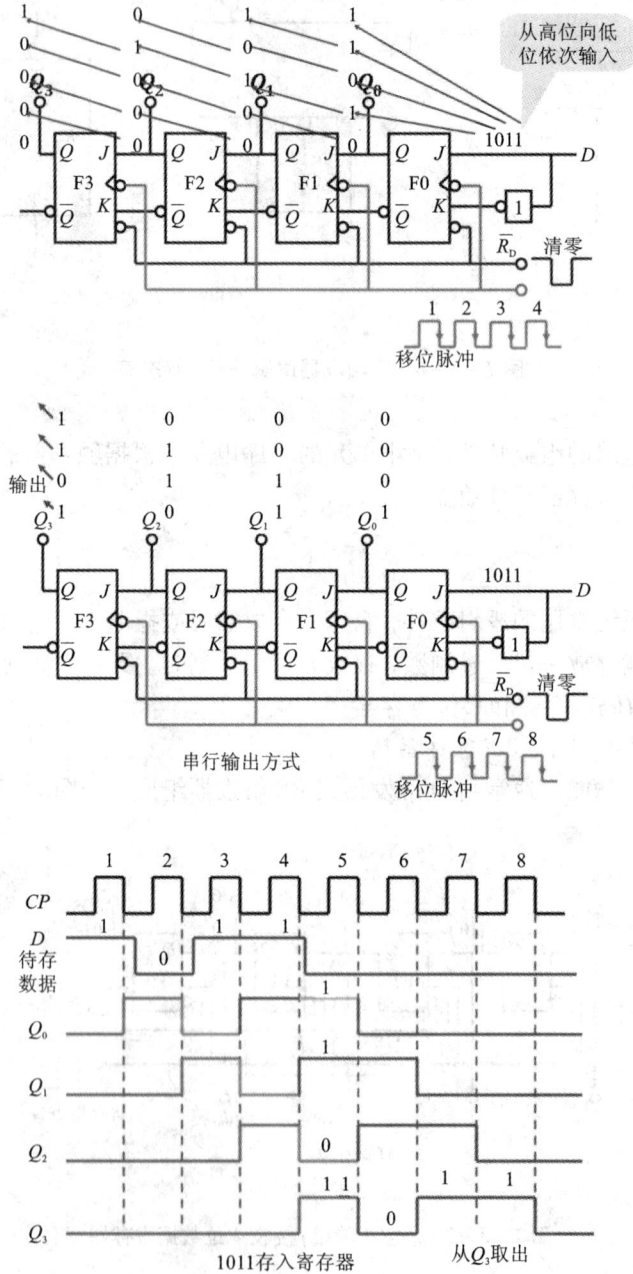

图 7 - 3 - 8　4 位左移寄存器

寄存器按其工作方式(输入、输出方式)可以分为:

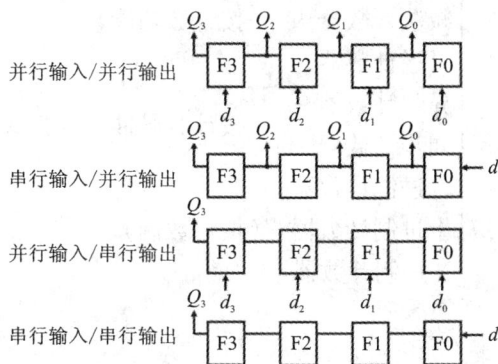

（2）双向移位寄存器

R—右移串行输入数据端；

L—左移串行输入数据端。

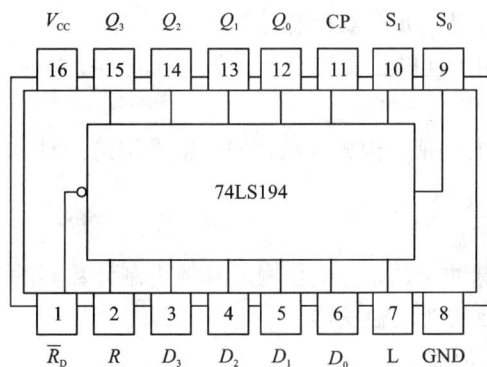

R_D	CP	S_1	S_0	功能
0	*	*	*	直接清零
1	↑	0	0	保持
1	↑	0	1	右移（从 Q_3 向 Q_0 移动）
1	↑	1	0	左移（从 Q_0 向 Q_3 移动）
1	↑	1	1	并行输入

图 7 - 3 - 9　双向移位寄存器

7.3.4　计数器

计数器是数字电路和计算机中广泛应用的一种逻辑部件，可累计输入脉冲的个数，可用于定时、分频、时序控制等。

$$\text{分类}\begin{cases}\text{加法计数器}\\\text{减法计数器}\quad\text{（按计数功能）}\\\text{可逆计数器}\\\text{异步计数器}\\\text{同步计数器}\quad\text{（按计数脉冲引入方式）}\\\text{二进制计数器}\\\text{十进制计数器}\quad\text{（按计数制）}\\\text{N进制计数器}\end{cases}$$

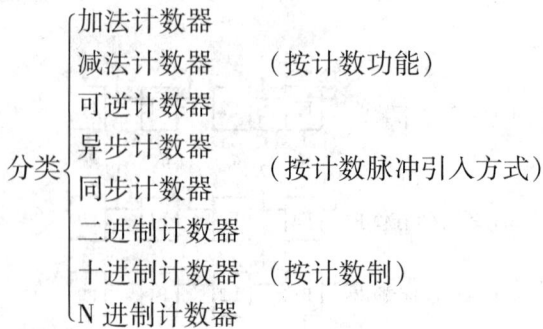

1. 计数器的基本特点

①所谓 n 进制，就是"逢 n 进 1"。

例如二进制，它只有 0 和 1 两个数码，每当本位是 1，再加 1 时，本位便变为 0，而向高位进位，使高位加 1。

$$0+1=1,\ 1+1=10(\text{壹零})$$

②一个双稳态触发器可以表示一位二进制数：因为双稳态触发器有"1"和"0"两个状态。故要表示 n 位二进制数，就得用 n 个双稳态触发器。

③构成计数器时，采用不同的触发器有不同的逻辑电路；即使用同一种触发器也可得出不同的逻辑电路

④鉴于 T 和 T′触发器的功能，构成计数器时，多采用这两种触发器，这样设计思路比较明晰。

2. 二进制计数器

按二进制的规律累计脉冲个数，它也是构成其他进制计数器的基础。要构成 n 位二进制计数器，需用 n 个具有计数功能的触发器。

(1)异步二进制加法计数器

异步计数器：计数脉冲 C 不是同时加到各位触发器。最低位触发器由计数脉冲触发翻转，其他各位触发器有时需由相邻低位触发器输出的进位脉冲来触发，因此各位触发器状态变换的时间先后不一，只有在前级触发器翻转后，后级触发器才能翻转。

如图 7-3-10 所示，是由 JK 触发器组成的三位异步二进制加法计数器。在电路图中 J、K 悬空表示 J、$K=1$；当 J、$K=1$ 时，具有计数功能，每来一个脉冲触发器就翻转一次。

从状态表可看出：最低位触发器 Q_0 来一个脉冲就翻转一次；低位由 1 变为 0 时，要产生进位信号，这个进位信号应使相邻的高位触发器翻转。

(2)3 位异步二进制减法计数器

从状态表可看出：最低位触发器来一个脉冲就翻转一次每个触发器由 0 变为 1 时，要产生借位信号，这个借位信号应使相邻的高位触发器翻转。

F0 每输入一个时钟脉冲翻转；F1 在 Q_0 由 0 变 1 时翻转；F2 在 Q_1 由 0 变 1 时翻转。

异步二进制计数器总结：

①计数器由若干个在计数状态的触发器组成。

②若构成加法计数器：主从 JK 触发器的进位信号从 Q 端引出；D 触发器的进位信号从 Q 端引出。

脉冲数	二进制数		
(C)	Q_2	Q_1	Q_0
0	0	0	0
1	0	0	1
2	0	1	0
3	0	1	1
4	1	0	0
5	1	0	1
6	1	1	0
7	1	1	1
8	0	0	0

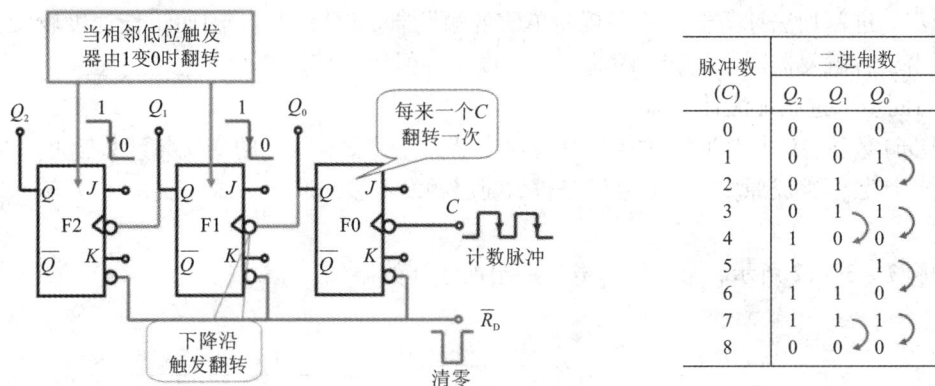

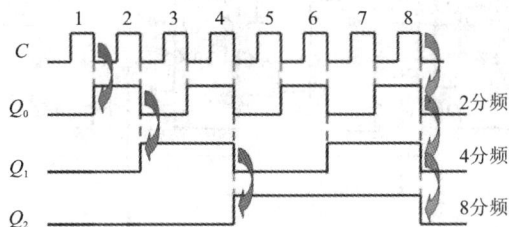

异步二进制加法器工作波形

图 7-3-10 三位异步二进制加法计数器

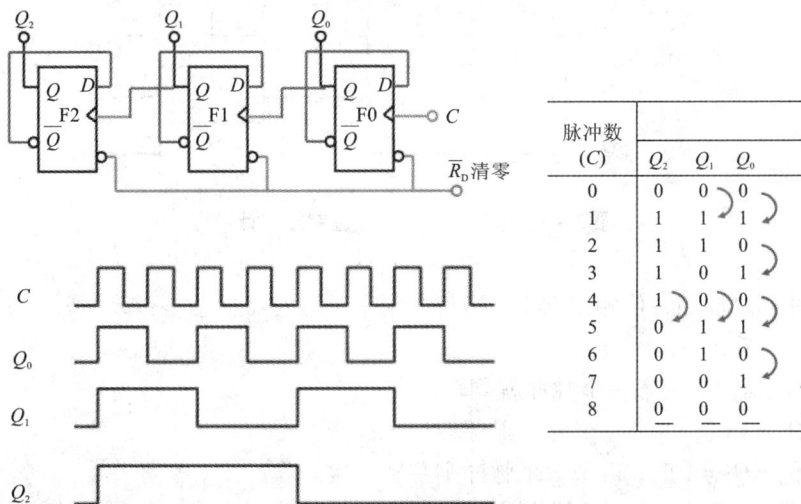

脉冲数			
(C)	Q_2	Q_1	Q_0
0	0	0	0
1	1	1	1
2	1	1	0
3	1	0	1
4	1	0	0
5	0	1	1
6	0	1	0
7	0	0	1
8	0	0	0

图 7-3-11 3位异步二进制减法计数器

③若构成减法计数器：主从 JK 触发器的借位信号从 Q 端引出；D 触发器的借位信号从 Q 端引出。

④n 触发器有 2^n 个状态，其计数容量有 2^{n-1} 个。

异步二进制加法计数器线路联接简单。各触发器是逐级翻转，因而工作速度较慢。同步计数器由于各触发器同步翻转，因此工作速度快。但接线较复杂。

（3）同步二进制加法计数器

同步计数器：计数脉冲同时接到各位触发器，各触发器状态的变换与计数脉冲同步。

同步计数器组成原则：根据翻转条件，确定触发器级间联接方式—找出 J、K 输入端的联接方式。

如图 7 – 3 – 12 所示，为三位同步二进制加法计数器。

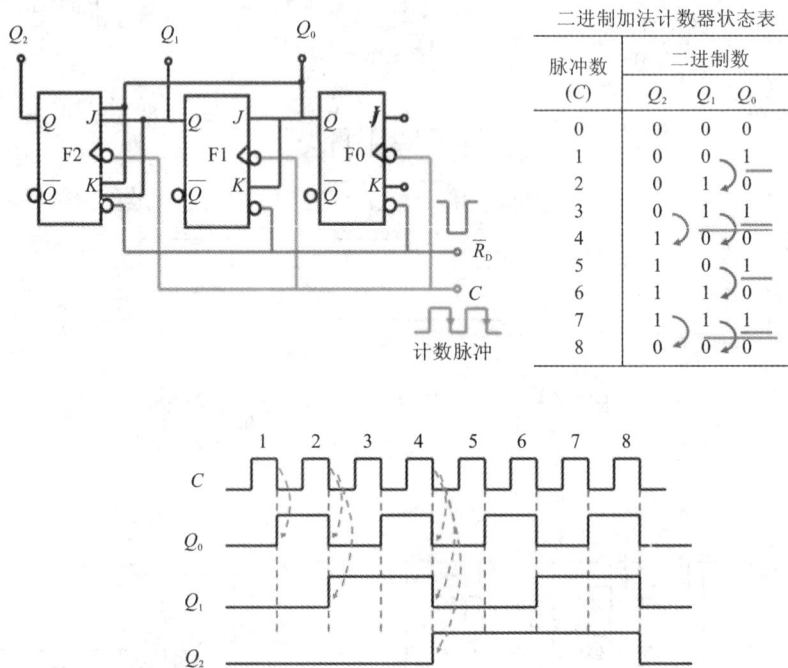

图 7 – 3 – 12　三位同步二进制加法计数器

计数脉冲同时加到各位触发器上，当每个到来后触发器状态是否改变要看 J、K 的状态。从状态表可看出：

最低位触发器 F0 每来一个脉冲就翻转一次；

F1：当 $Q_0 = 1$ 时，再来一个脉冲则翻转一次；

F2：当 $Q_0 = Q_1 = 1$ 时，再来一个脉冲则翻转一次。

由波形图可以看出：各触发器状态的变换和计数脉冲同步。

如图 7 – 3 – 13 所示，为常用的 74LS161 四位同步二进制计数器外引线排列图、功能表

$\overline{R_D}$——清零端，低电平有效；

CP——时钟脉冲输入端，上升沿有效；

$A_0A_1A_2A_3$——数据输入端，可预置任何一个四位二进制数；

$Q_0Q_1Q_2Q_3$——数据输出端；

EP，ET——计数控制端：当两者或任一为低电平，计数器保持原态；两者同时为高电平，计数；

$\overline{LD}$——同步并行置数控制端，低电平有效；

RCO——进位输出端，高电平有效。

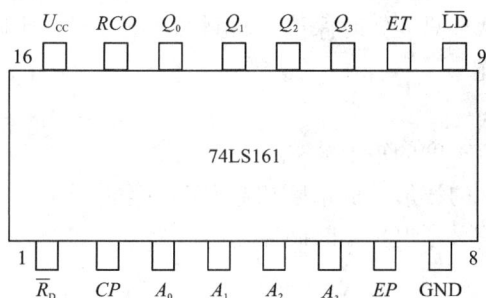

74LS161四位同步二进制计数器外引线排列图

74LS161 功能表

输入					输出
$\overline{R}_D$	CP	$\overline{LC}$	EP　ET	$A_3 \sim A_0$	$Q_3 \sim Q_0$
0	—	—	—　　—	—	000
1	—	0	×　　×	$D_0 \sim D_3$	$D_0 \sim D_3$
1	—	1	1　　1	×	计数
1	×	1	0　　—	—	保持
1	×	1	—　　0	—	保持

图 7 – 3 – 13　74LS161 四位同步二进制计数器外引线排列图、功能表

除了二进制计数器之外，还有十进制计数器、五进制计数器等任意进制计数器：

3. 利用已有的集成计数器构成任意进制计数器的方法

（1）直接选用已有的计数器

例如，欲构成十进制计数器，可直接选用十进制异步计数器 74LS92。

（2）用两个模小的计数器串接

可以构成模为两者之积的计数器。例如，用模 6 和模 10 计数器串接起来，可以构成模 60 计数器。

（3）利用反馈法改变原有计数长度

这种方法是，当计数器计数到某一数值时，由电路产生的置位脉冲或复位脉冲，加到计数器预置数控制端或各个触发器清零端，使计数器恢复到起始状态，从而达到改变计数器模的目的。

任务四　555 集成定时器及应用

单稳态触发器：有一个稳定状态；在信号未加之前，触发器处于稳定状态，经信号触发后，触发器翻转，但新的状态只能暂时保持（暂稳状态），经过一定时间（由电路参数决定）后自动翻转到原来的稳定状态。

单稳态触发器的用途：

（1）定时——产生一定宽度的矩形波；

（2）整形——把不规则的波形变成幅度和宽度都相等的脉冲；

（3）延时——将输入信号延迟一定时间后输出。

7.4.1　555 定时器

1. 结构组成

如图 7-4-1 所示，555 定时器的实物图和电路图。

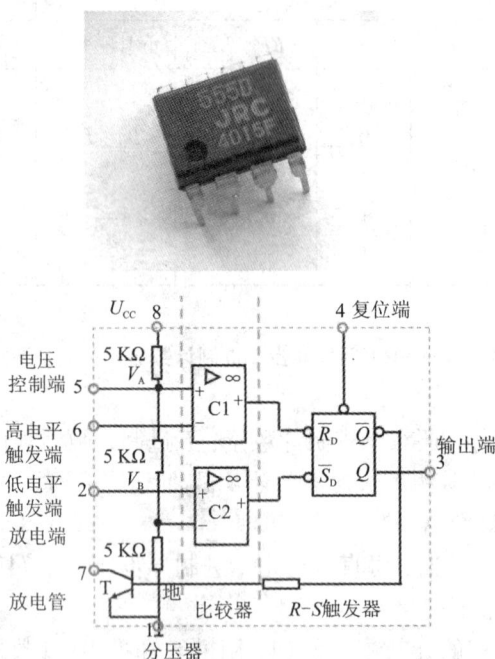

图 7-4-1　555 定时器的实物图和电路图

2. 工作原理

① 输入信号经过分压器和比较器后得到的结果如下：

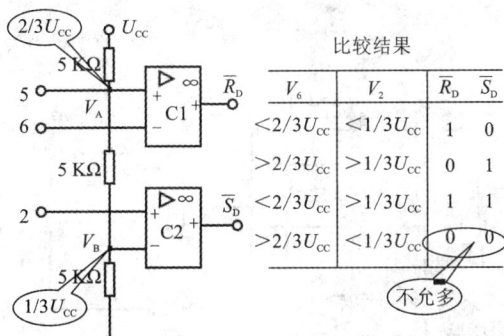

②分压器和比较器输出的结果作为 RS 触发器的输入，结果如下：

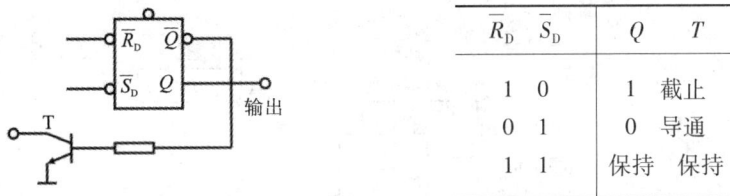

$\overline{R}_D$	$\overline{S}_D$	Q	T
1	0	1	截止
0	1	0	导通
1	1	保持	保持

由以上工作过程，得出 555 定时器的功能表如下：

V_6	V_2	Q	T
$<2/3U_{CC}$	$<1/3U_{CC}$	1	截止
$<2/3U_{CC}$	$<1/3U_{CC}$	0	导通
$<2/3U_{CC}$	$<1/3U_{CC}$	保持	保持

图 7-4-2 555 定时器的功能表

7.4.2 555 定时器组成单稳态触发器

图 7-4-3 为 555 定时器组成的单稳态触发器电路图。

由图 7-4-4 所示，单稳态触发器的工作原理：

当 u_i 为高电平时，$u_o=0$。

当 u_i 由高电平变为低电平时，$u_o=1$，T 截止，C 开始充电；

u_i 脉冲足够窄，u_i 变为高电平后，u_o 保持为 1，C 继续充电。

当 C 充电 $>2U_{CC}/3$ 时，$u_o=0$，T 导通，电容 C 很快放电，电路恢复到初始状态。

$t_p=RC\ln 3=1.1RC$，暂稳态的长短取决于 RC 时间常数。

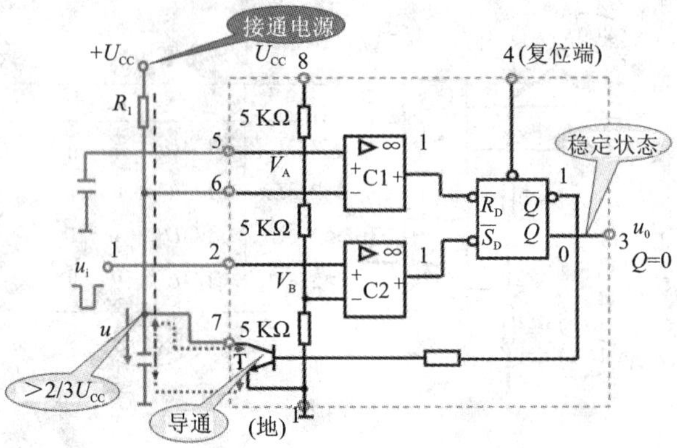

图 7 - 4 - 3　555 定时器组成的单稳态触发器电路图

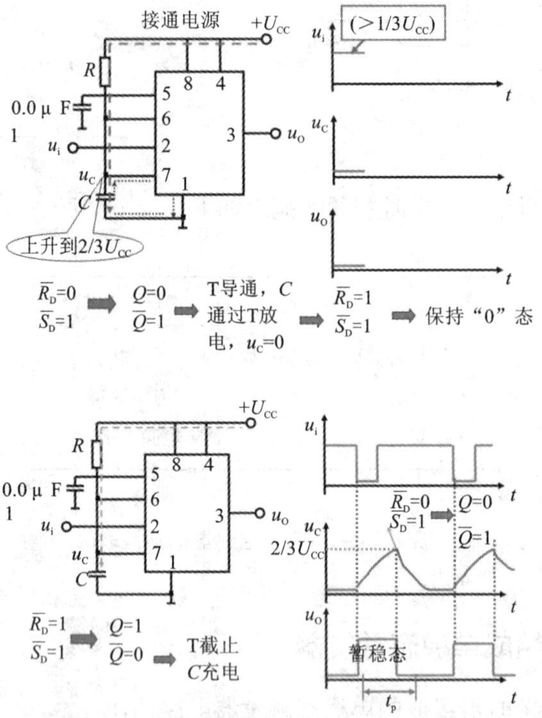

图 7 - 4 - 4　555 定时器组成的单稳态触发器工作原理

7.4.3　555 定时器组成的多谐振荡器

多谐振荡器是一种常用的脉冲信号产生电路。其工作特性：

①无稳态，具有两个暂稳态；

②自激振荡器——在接通电源后，不需外加触发信号，便能自动产生矩形脉冲；

③矩形波中除基波外，还含有丰富的高次谐波——故称为多谐振荡器。

1. 多谐振荡器电路组成

图 7 - 4 - 5 为 555 定时器组成的多谐振荡器电路图。

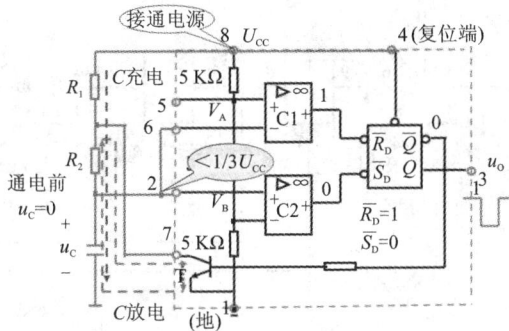

图 7 - 4 - 5　555 定时器组成的多谐振荡器电路图

2. 工作原理

如图 7 - 4 - 6 所示，555 定时器组成的多谐振荡器原理：

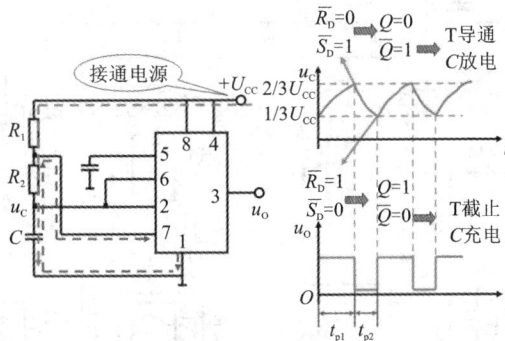

图 7 - 4 - 6　555 定时器组成的多谐振荡器原理图

①上电初期，给电容充电；

②电容充电使电压 u_c 上升到 大于 $2U_{CC}/3$ 时，比较器 1 输出低电平，使定时器输出低电平。放电管导通，电容放电使电压 u_c 下降；

③当电压下降到 $U_{CC}/3$ 时，比较器 2 输出低电平使触发器又输出高电平，放电管截止，电容电压重新因充电而重新上升；重复步骤①。

任务五　数字电路在汽车电路中的应用

数字电路因为其自身的优势，在日常生活生产中得到广泛应用。在汽车电路中也广泛应用到数字电路，本任务主要是简单了解数字电路在汽车电路中几种典型的应用。

7.5.1 汽车水箱水位过低报警器

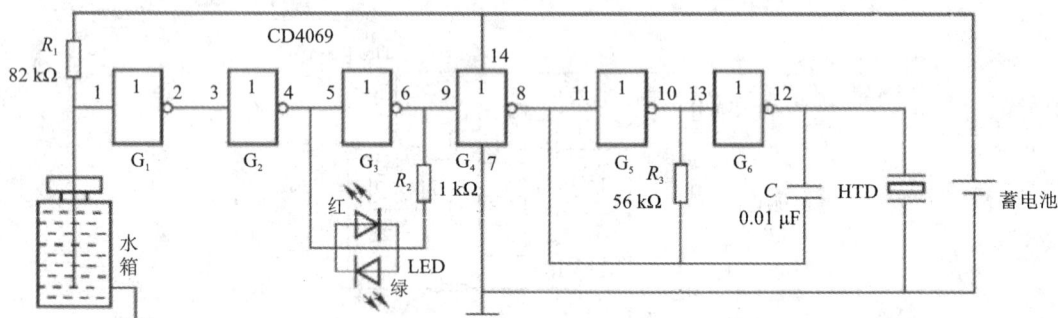

7.5.2　汽车防盗报警电路

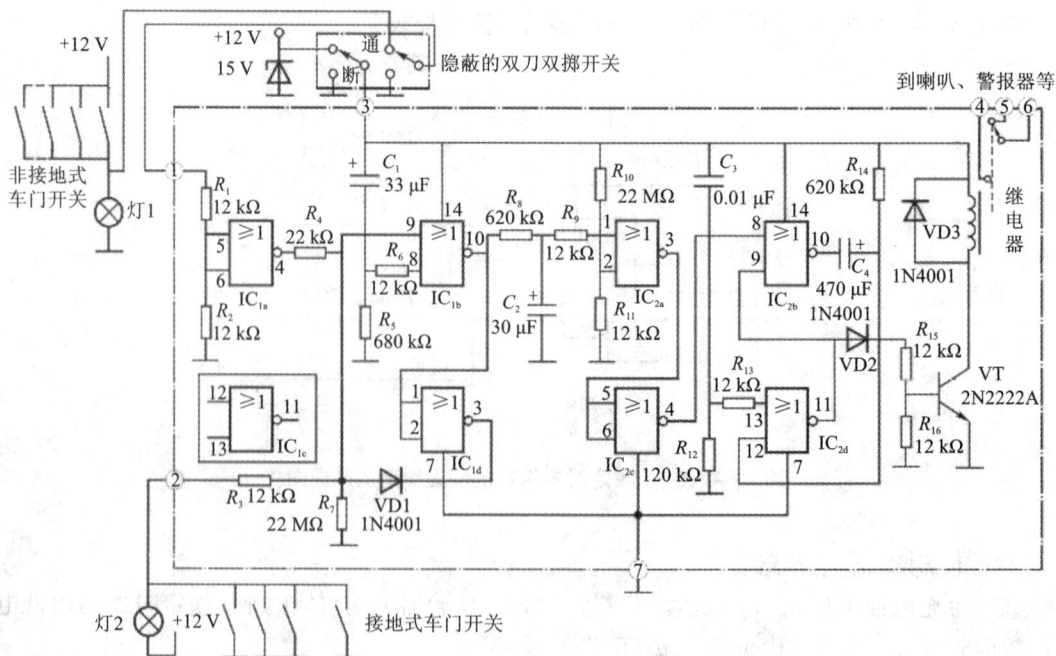

7.5.3 门锁控制电路

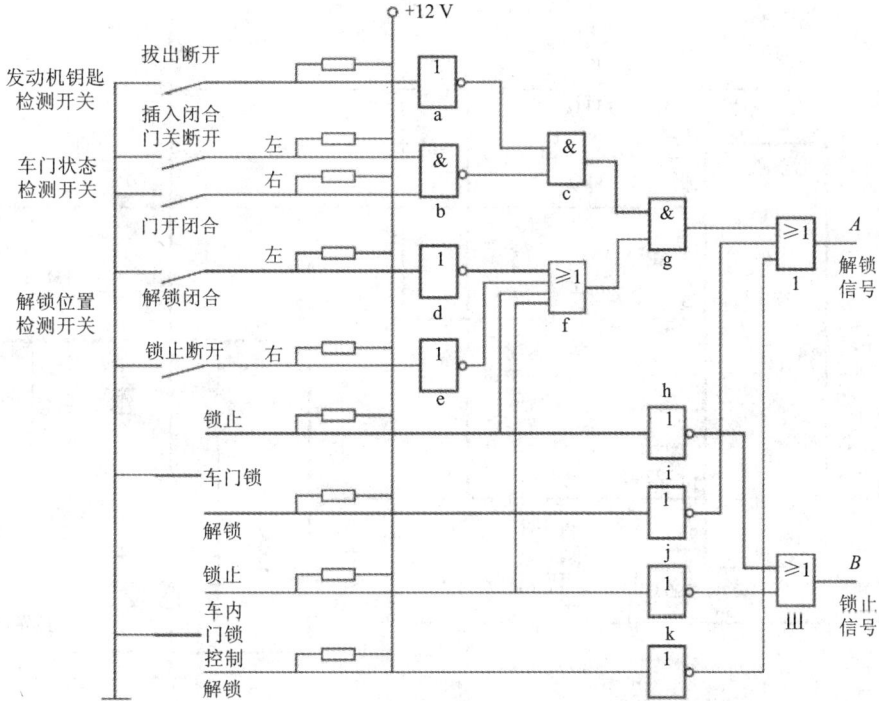

7.5.4 线性集成调压器集成电路 L485

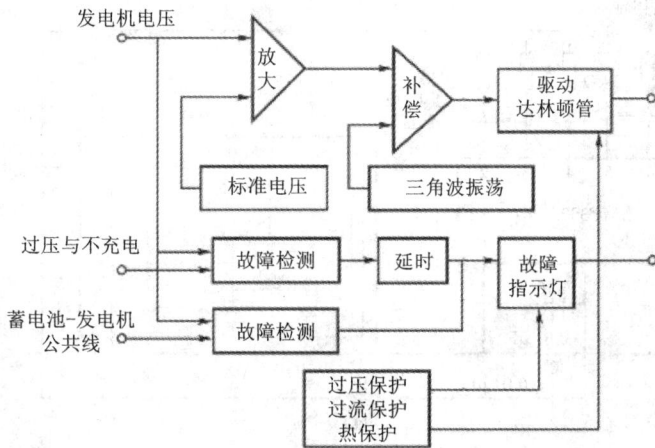

点火开关

A

故障
指示灯

C

R_1
13 kΩ

1   16 R_2
3 kΩ

2   15

C_1 +
33 μF

3   14

4   13

L485

5   12

6   11 C_{cov}
22 μF

7   10 R_3
150 Ω

8   9

R_4
390 Ω

C_2
100 μF

BOX63C

VD

磁场

R_5
1.5 kΩ

R_6
1 kΩ

定子

交流发电机

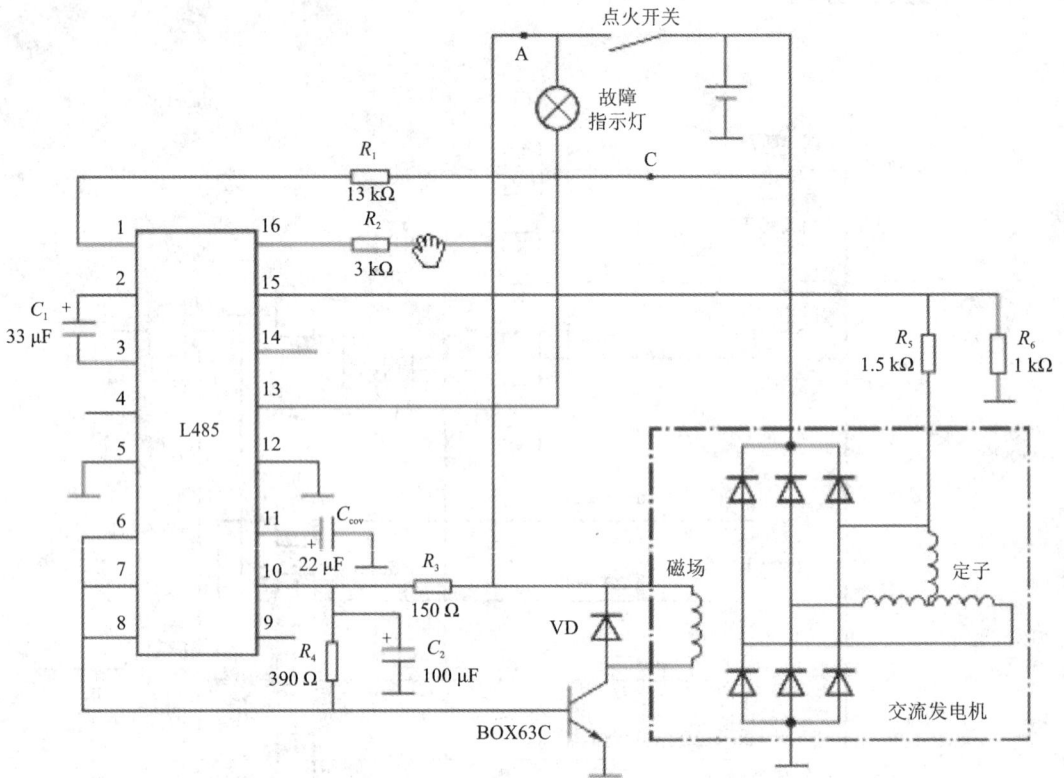

7.5.5   汽车电子调压器集成电路 MC3325

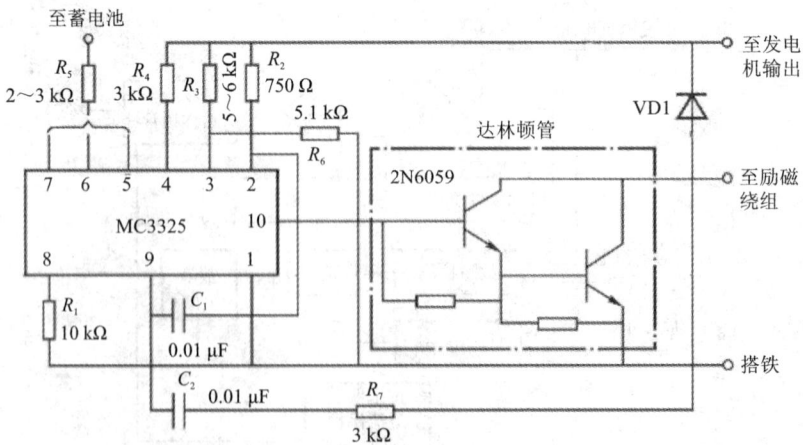

至蓄电池

R_5
2～3 kΩ

R_4
3 kΩ

R_3

5～6 kΩ

R_2
750 Ω

5.1 kΩ

R_6

至发电
机输出

VD1

达林顿管
2N6059

至励磁
绕组

7   6   5   4   3   2

MC3325   10

8   9   1

R_1
10 kΩ

C_1
0.01 μF

搭铁

C_2 0.01 μF

R_7
3 kΩ

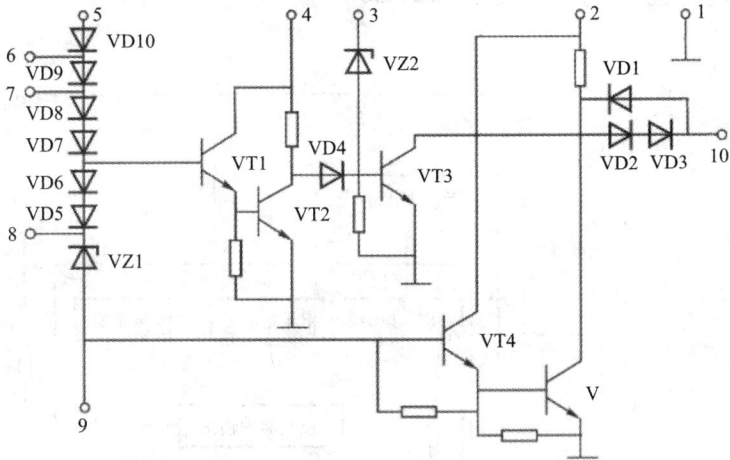

7.5.6 电子点火控制器 L482

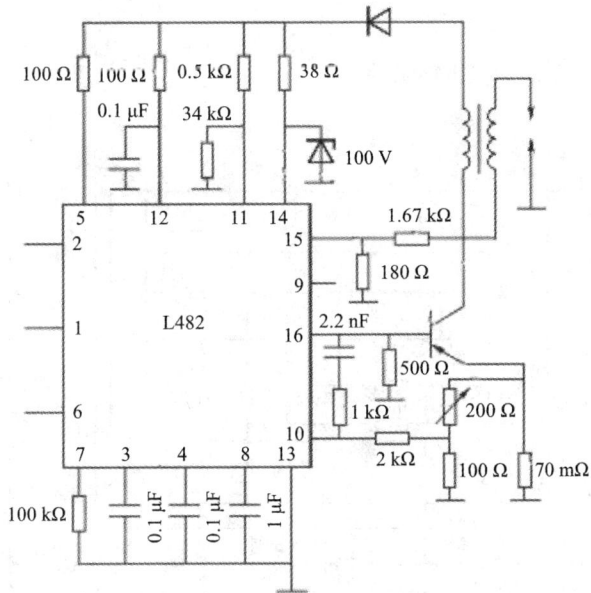

7.5.7   汽车闪光器专用集成电路 LD7208

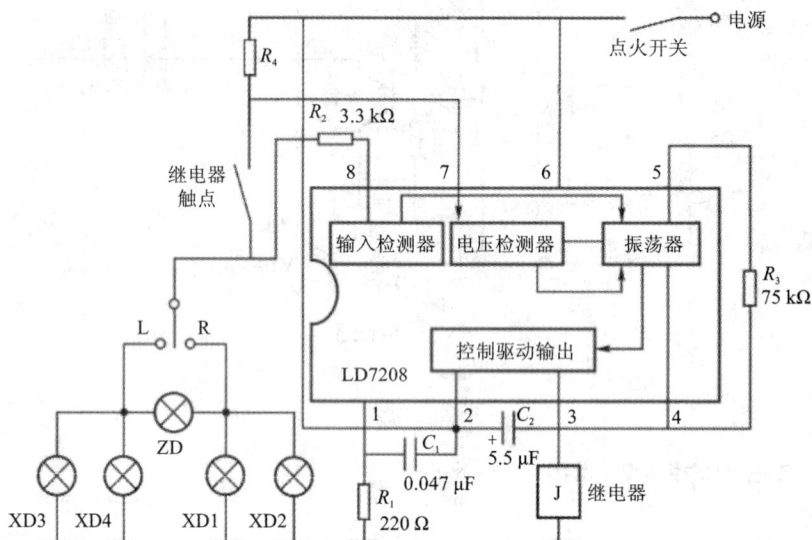

7.5.8   闪光控制集成电路 LM3909

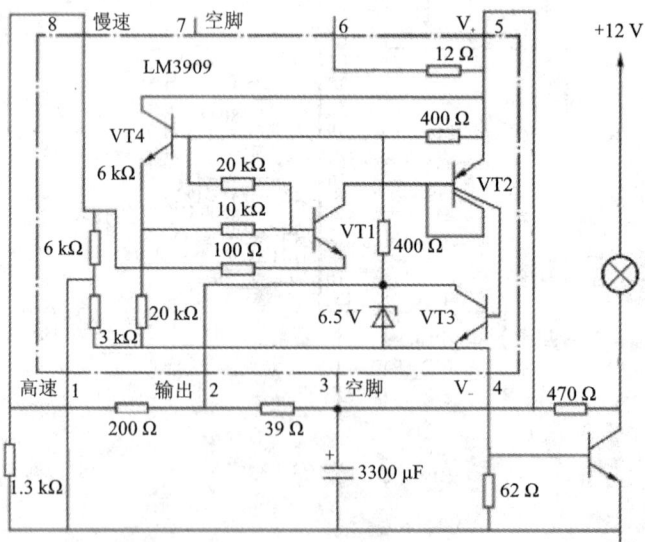

7.5.9　仪表显示专用集成电路 LM3914

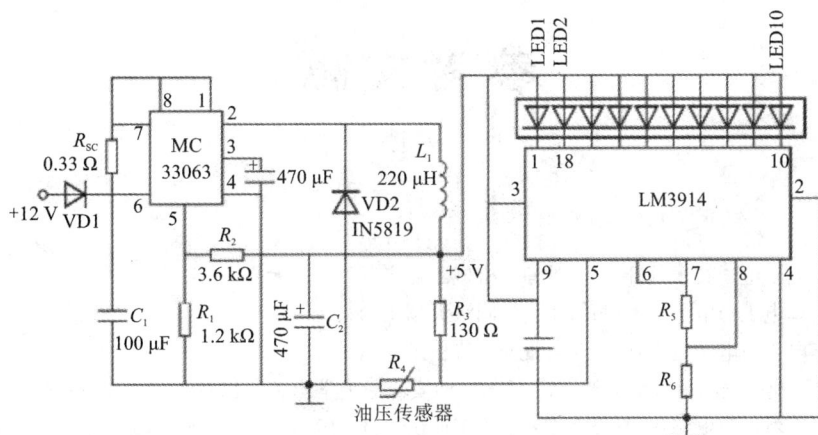

7.5.10　发动机转速表电路 LM2907/2917

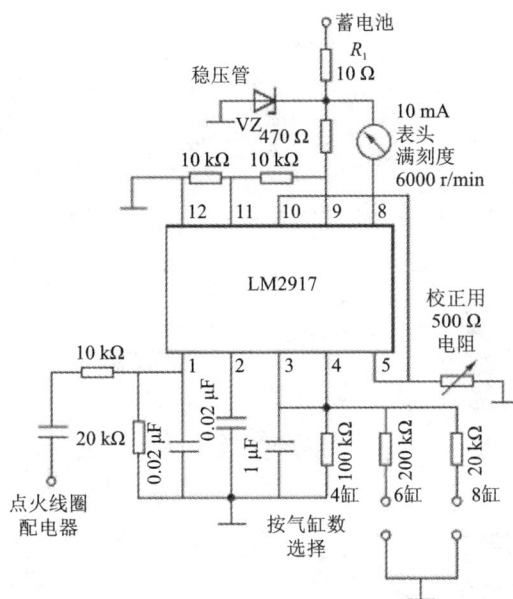

参考文献

[1] 万捷.汽车电工电子技术基础[M].北京：机械工业出版社

[2] 任成尧.汽车电工与电子技术[M].上海：同济大学出版社

[3] 冯渊.汽车电工与电子技术基础[M].北京：机械工业出版社

[4] 穆志坚，等.模拟电路与数字电路[M].西安：西安交通大学出版社，2004

[5] 钱博森.怎么看汽车电路图[M].北京：电子工业出版社，1998

[6] 周德仁，等.电工技术基础与技能(电类专业通用)[M].北京：电子工业出版社，2013

[7] 陈永甫.电子电路智能化设计实例与应用[M].北京：电子工业出版社，2002

[8] 刘浩宇.汽车电工电子技术[M].北京：高等教育出版社，2011

图书在版编目(CIP)数据

汽车电工与电子技术/林耀忠,韦清,张锦庭主编.
—长沙:中南大学出版社,2016.8
ISBN 978 - 7 - 5487 - 2316 - 5

Ⅰ.汽...　Ⅱ.①林...②韦...③张...　Ⅲ.①汽车 - 电工技术 -
高等职业教育 - 教材②汽车 - 电子技术 - 高等职业教育 - 教材
Ⅳ.U463.6

中国版本图书馆 CIP 数据核字(2016)第 200200 号

汽车电工与电子技术

主编　林耀忠　韦　清　张锦庭

□责任编辑	刘　辉	
□责任印制	易红卫	
□出版发行	中南大学出版社	
	社址:长沙市麓山南路	邮编:410083
	发行科电话:0731-88876770	传真:0731-88710482
□印　　装	长沙市宏发印刷有限公司	

□开　　本	787×1092　1/16	□印张 11.5	□字数 291 千字		
□版　　次	2016 年 8 月第 1 版	□印次　2016 年 8 月第 1 次印刷			
□书　　号	ISBN 978 - 7 - 5487 - 2316 - 5				
□定　　价	30.00 元				